MW01644560

Teoría y Práctica de la Prueba

PREFACIO

Los procedimientos judiciales cada vez se vuelven más técnicos en su etapa de prueba, donde el abogado debe ser más hábil y ágil en el conocimiento de las herramientas que le brinda la legislación procesal, para alcanzar la demostración de los hechos que se controvierten en juicio y de ahí, convencer al juzgador que quién sostiene una acción o una defensa, dice la verdad. Este libro no solo es una guía para el estudiante, sino que, también, se vuelve un invaluable instrumento de consulta para el litigante.

Después de 40 años de enseñanza de la Teoría y práctica del Derecho procesal civil y mercantil en la Universidad Panamericana, nos ha dado para integrar de manera fácil, pero bien documentada, todo aquello que constituye la prueba y sus alcances en juicio.

La demanda y su contestación están llenas de Derecho sustantivo contenido en leyes y códigos que rigen los derechos y obligaciones en la vida de las personas (ya físicas, ya morales). Sin embargo, el *expertis* que se requiere ya en la preparación del material probatorio para convencer al juzgador de la veracidad de lo dicho en los escritos iniciales, es fundamental.

Este libro contiene amplias referencias doctrinales, a las leyes y a la jurisprudencia que rara vez se tiene en un solo lugar; comentado de manera fácil para el estudiante y con la debida profundidad para el profesionista del Derecho.

Con la ayuda ya de la abogada en que se ha convertido mi hija Fernanda, pudimos armar este libro con la finalidad de continuar con la enseñanza del Derecho Procesal que tanto nos apasiona.

Fernando Martínez de Velasco M.

TEORÍA Y PRÁCTICA DE LA PRUEBA

Fernando Martínez de Velasco Molina
Fernanda Martínez de Velasco García Barragán

Existen diversos fenómenos a tratar en lo concerniente a la prueba. La mejor forma que hemos encontrado y aplicado en la vida diaria para entender el fenómeno relacionado con las pruebas, es a través de dar contestacion a cuatro preguntas fundamentales:

¿Qué es la prueba? Referido a su concepto y clasificación.

¿Cuál es el objeto de la prueba? Es decir, para que sirven las pruebas.

¿Quién prueba? Referido a cual de las partes debe demostrar los extremos de su acción o excepción, conocido como 'Carga de la Prueba.'

¿Cómo se prueba? Es decir, cual es el procedimiento que debe seguirse para obtenerse de la prueba, la información que debe ser útil para demostrar los extremos de los hechos discutidos.

¿Qué es la *prueba*? La Real Academia Española la define como: *"Justificación de la verdad de los hechos controvertidos en un juicio, hecha por los medios que autoriza y reconoce por eficaces la ley"*[1].

Según Ovalle Favela, la prueba en sentido estricto es la obtención del cercioramiento del juez acerca de los hechos discutidos y discutibles, cuyo esclarecimiento resulte necesario para la resolución del conflicto sometido a proceso; es la confirmación de las afirmaciones de hecho expresadas por las partes. La prueba, en sentido amplio, es el conjunto de actos desarrollados por las partes, los terceros y el juzgador, con el fin de obtener el cercioramiento judicial sobre los hechos discutidos y discutibles[2].

De igual forma, por extensión, se suele denominar como "pruebas" a los medios, instrumentos y conductas humanas con las cuales se pretende lograr la verificación de las afirmaciones de hecho. Así, se habla de la prueba

---

[1] Recuperado de: http://dle.rae.es/?id=UVZCH0c

[2] Ovalle Favela José, *Diccionario Jurídico Mexicano, op. cit.*, pp. 2632 y 2633.

confesional, prueba testimonial, ofrecimiento de las pruebas, etcétera[3].

Al efecto, Giuseppe Chiovenda señala que: *"Probar significa convencer al juez de la existencia o la no existencia de hechos de importancia en el proceso"*.[4]

Este conocimiento que se hace al ánimo del juzgador, no es otra cosa que hacer que él (el juzgador) crea en la *verosimilitud* de las pruebas, ya que, según expone Piero Calamandrei *"cuando se afirma que un hecho es verdadero, se quiere decir en sustancia que ha logrado, en la conciencia de quien como tal lo juzga, aquél grado máximo de verosimilitud que, con relación a los limitados medios de conocimiento de que el juzgador dispone, hasta para darle la certeza subjetiva de que aquel hecho ha ocurrido"*[5].

Conforme a las ideas del Maestro Arellano García: *"La prueba es el conjunto de elementos de conocimiento que se aportan en el proceso y que tienden a la demostración de los*

---

3 Ibidem.

4 Chiovenda Giuseppe, *Curso de Derecho Procesal Civil, op. cit.*, p. 441.

5 Calamandrei Piero, *op. cit.*, p. 270.

hechos o derechos aducidos por las partes, con sujeción a las normas jurídicas vigentes"[6].

La prueba es de suma relevancia en el proceso, pues al juez no le está permitido permanecer en incertidumbre con respecto al conocimiento de los hechos que conforman la *litis* que ha de resolver. A efecto de encontrarse en aptitud de resolver la controversia que le fue planteada, es menester que conozca la verdad. Si bien la verdad es una sola y se refiere a la concordancia entre un hecho y el concepto que de ese hecho se forme, la realidad exige que el juzgador se *conforme* con una 'verdad' particular; es decir, la llamada "verdad formal". Esta se refiere a aquella que se le ha presentado en el proceso, a través de medios de prueba que han de calificarse con un cierto grado credibilidad y verosimilitud.

En la doctrina, tal verdad formal, que se define como aquella que es 'según aparece en el juicio', se ha contrastado con la denominada verdad material,

---

[6] Arellano García Carlos. *Derecho Procesal Civil*, Editorial Porrúa, México, 1981, p. 136.

considerada la "verdad verdadera o pura". Al respecto, es interesante la opinión de Devis Echandía, con la que estamos de acuerdo: "*...la verdad es sólo una y lo que varía es el sistema real o formal de investigarla: en ambos procesos el fin de la prueba consiste en llevarle al juez la certeza o el convencimiento de la existencia o inexistencia de los hechos, lo cual puede coincidir o no con la realidad...*[7]".

En este respecto, Becerra Bautista explica que el juzgador debe darle a las pruebas el valor que legalmente se les atribuye, surgiendo con ello un problema: ¿debe el juzgador buscar la verdad real de lo afirmado, o bien, conformarse con la verdad formal àra resolver el caso que tiene en las manos? Es claro que el juez tiene que sujetarse al derecho adjetivo, por lo que su conocimiento de los hechos se encuentra sujeto también a este[8] y, por tanto, limitado a la pericia de las partes para presentarlas y desahogarlas.

---

[7] Biblioteca Jurídica Virtual del Instituto de Investigaciones Jurídicas de la UNAM, *La teoría general de la prueba.* Recuperado de:https://archivos.juridicas.unam.mx/www/bjv/libros/8/3842/4.pdf

[8] Becerra Bautista, José. *El Proceso Civil en México, op. cit.*, duodecima edición, p. 93.

Así, se trata de una verdad *tanquam est in actis* (en la forma en que aparece en las actas) y, en este sentido, cabe recordar el prinicipio *quod non est in actis, non est in mundo* (lo que no está en las actas no existen en el mundo); es decir, es la verdad formal. No obstante, las partes y el juzgador deben estar a lo que indican las normas relativas a la prueba y al deber de resolver *secundum allegata et probata a partibus*[9] (según está alegado y probado por la parte).

Vale la pena resaltar aquí que cuando la parte actora prepara su demanda, debe tener en mente ya, que pruebas tiene y tendrá a su alcance para a ofrecer en juicio, tendientes a demostrar los hechos que sustentan su pretensión. Lo mismo le debe suceder al demandado. Cuando prepara su defensa debe saber con que pruebas cuenta, cuales le será posible desahogar en juicio y cuales no, a efecto de trasar una ruta de argumentos frente al juzgador que sean posible acreditar con el materia probatorio con que se cuenta; que no siempre es todo, o el idóneo.

---

[9] *Idem.*

Según lo desarrollamos a continuación, la posibilidad de demostrar una verdad frente al juzgador es bastante complicado, porque el ofrecimiento y las reglas de su admisión y desahogo están sujetas a condiciones y temporalidad que hace que no siempre sea fácil tenerlas a la mano o contar con ellas. Así, que más allá de la dificultad de escribir hechos en la demanda y contestación que sean claros y reflejen con veracidad el litigio a resolver, se tiene la complejidad de ligar las pruebas a tales hechos y saberlas materializar a los ojos del juzgador, para que en su sentencia pueda dar la razon al atacante o a quién se defiende.

1. *Derecho Probatorio*

La denominación *Derecho Probatorio* ha venido haciéndose cada vez más usual en la jerga procesal. Por este se entiende tanto el estudio de las pruebas, como el conjunto de normas jurídicas que regulan la actividad demostrativa en el proceso[10]. Así, el concepto de Derecho probatorio encuentra dos vertientes:

---

[10] Biblioteca Jurídica Virtual del Instituto de Investigaciones Jurídicas de la UNAM, *La teoría general de la prueba, op. cit.*

A) El estudio de las pruebas. Referente al análisis sistematizado de su evolución, referencia legislativa y medios de prueba que permitirán conocer la verdad; y

B) Conjunto de normas jurídicas que regulan la actividad demostrativa en el proceso; es decir, el procedimiento para su desahogo. Ello implica el estudio de los distintos ordenamientos adjetivos aplicables a los distintos procesos.

El Derecho Probatorio no se ejerce libre y arbitrariamente por las partes o el juzgador, sino que debe someterse a ciertos *principios* que orientan tanto su estudio, como su aplicación y que son:

A. Principios de la necesidad de la prueba.
B. Principios de la prohibición de aplicar el conocimiento privado del juez sobre los hechos.
C. Principio de la adquisición de la prueba.
D. Principio de igualdad de oportunidades para la prueba.
E. Principio de publicidad de la prueba.

F. Principio de la inmediación y de la dirección del juez en la producción de la prueba.

Comentemos a continuación cada uno de ellos:

Principio de la Necesidad de la Prueba. Los hechos sobre los cuales debe fundarse la decisión judicial necesitan ser demostrados por las pruebas que al efecto aportan las partes, o por el juez si éste tiene facultades. Esta necesidad no sólo es jurídica, sino también "lógica", pues el juzgador no puede decidir sobre cuestiones cuya prueba no se haya verificado[11].

Así, si en un relato contenido en la demanda, por ejemplo, se dice que el demandado no ha pagado una deuda que se tiene a su favor y que por ello se le debe condenar al demandado a su pago, es claro y lógico que, como primer paso, deba demostrarse la existencia del vínculo comercial del préstamo, de otra manera, el juzgador estará amarrado de manos para declarar la procedencia de la acción.

---

[11] *Idem.*

Principio de Prohibición de Aplicar el Conocimiento Privado del Juez sobre los Hechos Debatidos. El juez no puede suplir el conocimiento de los hechos a través de pruebas, con su *conocimiento personal o privado* sobre ellos. Quienes tienen que probar los hechos constitutivos de las acciones y excepciones son las partes; si el juez decidiera el conflicto con base en experiencias personales, se eliminaría la carga de la prueba y la contradicción[12] y, además, daría una ventaja a una de las partes. Esto que se sostiene es relevante ya que cada parte asume su 'carga de prueba' como lo desarrollaremos más adelante. Pero nos parece conveniente adelantar que la regla de oro de todo proceso es que quién afirma está obligado a probar y por el contrario, quién niega queda exento de acreditar el hecho debatido. Por tanto, son las partes y no el juzgador quienes tienen la carga demostrativa de los hechos que sostienen en sus respectivos escritos. De ahí que, salvo los casos que se pueden dar en el Proceso Publicista (del que hablaremos más adelante), el juez está atado de manos y por tanto, no puede sustituir la carga demostrativa de las partes. La exceción a esto es la llamada 'prueba para mejor proveer', de la que nos ocupamos más adelante.

---

[12] *Idem.*

Principio de Adquisición de la Prueba. La actividad probatoria no pertenece a quien la realiza, sino al expediente judicial que contene la historia de los dicho y probado en juicio; para determinar la existencia de un hecho, resulta irrelevante qué parte aportó la prueba al proceso; es decir, se podrá beneficiar de la probanza tanto su oferente como la parte contraria[13]. E inclusive, podrá usarse lo actuado en un expediente, en otro, ya que ninguna de las partes puede decirse 'propietario' de lo dicho y actuado en juicio.

Principio de Igualdad de Oportunidades de la Prueba. Recordemos que en materia civil/mercantil y en algunos casos del derecho familiar, los procesos en México son de carácter *dispositivo*; esto es, las partes se encuentran en una igualdad jurídico-procesal y, por tanto, deben disponer de las mismas oportunidades para presentar o pedir la práctica de las pruebas. El juzgador, en el proceso dispositivo es un mero observador del fenómeno procesal, cuidando, solamente, que se cumplan con las formalidades esenciales del procedimiento (la excepción

---

13 *Ibidem.*

es lo que es posible llevar a cabo en el *proceso publicista* en el que, por las condiciones de desigualdad jurídica, económica y cultural de las partes el juzgador debe romper con este principio a fin de permitir el correcto conocimiento de los hechos que conforman la *litis*[14]).

Principio de Publicidad de la Prueba. La admisión, desahogo, examen y conclusiones del juez sobre las pruebas deben ser conocidas por las partes y estar al alcance de cualquier persona que se interese en ello, cumpliendo así con la función social que le corresponde[15]. De tal manera que no hay forma de ocultar el desarrollo de una prueba desde su ofrecimiento y hasta su evaluación en la sentencia que en su momento se dicte.

Principio de Inmediación y Dirección del Juez en la Producción de la Prueba. El juez debe dirigir de manera personal, sin intermediación, la producción de la prueba en la mayor medida posible. Si la prueba es para que el juzgador conozca el hecho, nada resulta más lógico que sea él quien esté pendiente de la recepción de la información

---

[14] *Ibidem.*

[15] *Ibidem.*

proveniente del medio de prueba. También es el juez quien debe dirigir la producción de la prueba, lo cual le permite aumentar los medios de prueba en caso de requerirlo (prueba 'para mejor proveer'); o bien, de profundizar en el desahogo de las probanzas. Lo anterior es fácil de comprender en un procedimiento oral donde, en forma directa, le llega la información al juez a través de la prueba que se está desahogando. En el proceso escrito, el juzgador se sostiene afectado de la inmediación y dirección de las pruebas[16].

Es ahora una virtud en el proceso oral, que ha evolucionado de manera relevante en el derecho procesal mexicano, que el juzgador esté pendiente de la recepción y desarrollo del desahogo de la prueba, ya que la evaluación de la información que le llega de manera directa le permite sensibilizarse a primera mano de la veracidad o distorción de lo que busca acreditársele.

2. Distintas acepciones de la palabra 'prueba'.

---

16 *Ibidem.*

Indicábamos que la palabra *prueba* se refiere a la convicción del juzgador sobre la *verosimilitud* del hecho demostrado. Pero, esta palabra tiene otros significados que a continuación señalamos[17]:

En primer lugar, 'prueba' se refiere a *los medios* con los que se pretende probar; es decir, todos aquellos instrumentos que pueden lograr el cercioramiento del juzgador acerca de los puntos controvertidos. Así, se habla de prueba confesional, prueba pericial, prueba testimonial, etcétera.

En segundo término, nos referimos a 'prueba' como *periodo probatorio*; es decir, el desarrollo formal de la fase probatoria de todo proceso. Es el tiempo fijado para la realización de la actividad probatoria. De ahí que los Códigos Procesales hablen de 'abrir el juicio a prueba' para indicar la iniciación del procedimiento probatorio que se integra con el ofrecimiento, admisión, rechazo, preparación y desahogo de las pruebas y su conclusión, ya por que ha transcurrido el tiempo, o porque todas han sido desahogadas en audiencia conforme a las reglas del propio código adjetivo.

---

[17] *Ibidem.*

En tercer lugar, nos referimos a la prueba como *actividad de probar*. Este concepto se refiere a la carga de la prueba que asume cada una de las partes como lo mandata, por ejemplo, el artículo 281 del Código de Procedimientos Civiles para la Ciudad de México.

Por último, nos referimos a este concepto como resultado producido por las pruebas ofrecidas y desahogadas en el proceso. Esta acepción ha sido muy acogida por los procesalistas en el sentido estricto de entender a la prueba como *"la demostración misma de las proposiciones de las partes, el acreditamiento veraz de los hechos controvertidos"*. Así, es usada la palabra *prueba* al referirse el juzgador con la sentencia al actor diciendo "el actor probó su acción". O bien, el demandado probó (demostró) sus excepciones y defensas.

3. *Fin de la Prueba*

El fin de la prueba (en sentido amplio) no es sino el de llegar a la prueba (en sentido estricto). Así, la actividad probatoria tiene como finalidad la obtención del cercioramiento del juzgador acerca de las situaciones fácticas indispensables para la decisión del litigio sometido a su conocimiento[18].

Debe tenerse así acreditado el hecho mediante la actividad de la prueba y por ello, debe tenerse siempre en mente que la prueba debe ser y es útil para acreditar lo dicho en juicio (hechos de la demanda y su contestación). Ninguna otra finalidad debe dársele.

4. *Clasificación de la Prueba*

A. *Pruebas Directas e Indirectas.* Las primeras muestran al juzgador el hecho a probar directamente, es decir, sin intermediarios, como lo es la inspección judicial donde el funcionario del juzgado (Secretario de Acuerdos o Actuario[19]) mediante los sentidos, perciben lo sucedido, como olores, colores, sabores. O bien, un documento del que, con la simple lectura, se recibe la información contenida en el papel; mientras que las pruebas indirectas acreditan el hecho debatido a través de otra persona, hecho u objeto (declaración de testigos, dictamen pericial,

---

[18] *Ibidem.*

[19] Esto debido a que son los dos funcionarios del juzgado dotados de fe pública.

presunción humana o legal). La diferencia entre estas estriba en la coincidencia o divergencia del hecho que se va a probar (objeto de la prueba) y de lo percibido por el juez. Así, en las pruebas directas el objeto de la prueba coincide con el objeto de la percepción y, en las indirectas, lo percibido solo sirve de medio para conocer el objeto de la prueba[20].

B. *Pruebas Preconstituidas y por Constituir*. De esta forma, las pruebas preconstituidas son aquellas que preexisten a la formación del juicio; esto es, las pruebas que los litigantes tienen, obtienen o crean preventivamente, en caso de surgimiento de una controversia posterior. Con respecto a las probanzas por constituir, también llamadas simples, Bentham indica que son las que se forman durante la tramitación del proceso y a causa de este[21]. Así, las primeras existen previamente al proceso (documentos que son el fundamento de la demanda; por ejemplo, el acta de matrimonio o de nacimiento, o bien, el contrato de crédito o escritura de propiedad con que iniciamos una acción). Las segundas son aquellas que se

---

[20] Becerra Bautista, José. *El Proceso Civil en México, op. cit.*, Décima segunda edición, p. 108.

[21] Idem. p. 109.

realizan solo durante y con motivo del proceso[22] (testimonio de un testigo que es dado en audiencia ante el juzgador, inspección judicial ordenada por el juez para acredtar que un inmueble está vacío por ejemplo, o bien los dictámenes periciales ofertados para acreditar que el edificio materia de la contienda está inclinado).

C. *Pruebas Históricas y Críticas.* Las primeras derivan de las personas y la reproducción del hecho que se pretende probar, representando, objetivamente, los hechos por probar (testigo con su relatoría de los hechos que sabe y le constan o la historia que arroja un video). Las pruebas críticas no reproducen el hecho a probar, sino que demuestran la existencia de un hecho (presunciones)[23]. En este mismo sentido, el Maestro Becerra Bautista precisa que las pruebas históricas son las aptas para representar el objeto que se quiere conocer,

---

[22] Sánchez-Castañeda, Alfredo. *Comentario del Instituto de Investigaciones Jurídicas de la Universidad Nacional Autónoma de México,* Biblioteca Jurídica Virtual del Instituto de Investigaciones Jurídicas. Recuperado de: https://archivos.juridicas.unam.mx/www/bjv/libros/5/2384/9.pdf

[23] Sánchez-Castañeda, Alfredo, *op. cit.*

mientras que las críticas son las que no representan este de manera directa[24].

D. *Reales y Personales.* Son reales las pruebas que consisten en cosas (por ejemplo, los documentos, las fotografías, los videos, los mensajes de datos); son personales las que conllevan una actividad de una persona[25] (testigos y la declaración dada por las partes que se denomina en juicio como confesión).

E. *Idóneas e Ineficaces.* Mediante las pruebas idóneas se obtiene la verdad o veracidad del hecho que se pretende demostrar. En este tenor, podemos dar a manera de ejemplo, que la mejor manera de acreditar que uno está casado, lo es por el acta de matrimonio. O que soy hijo de Don Alfonso y Doña Concepción, mediante el acta de nacimiento; o que soy propietario de un inmueble, mediante la escritura pública expedida por el Notario Público; mientras que las pruebas ineficaces son aquellas que no sirven para acreditar la verosimilitud del hecho y que, necesariamente, el juzgador debe impedir su

---

[24] Becerra Bautista, José. *El Proceso Civil en México, op. cit.*, duodecima edición, p. 109.

[25] Sánchez-Castañeda, Alfredo, *op. cit.*

admisión y desahogo en juicio. Por ejemplo, si se busca demostrar que soy propietario de un inmueble mediante la prueba de inspección judicial que practique el tribunal en dicho bien, es claro que la prueba no es idónea para ello; o también, a manera de ejemplo, intentar acreditar con prueba testimonial mi estado de salud o la capacidad mental de una persona.

F. *Concurrentes y Singulares*. Las pruebas concurrentes tienen como requisito necesario de su existencia, el estar asociadas a otras probanzas que las integren o complementen; es decir, por ellas mismas no demuestran el hecho debatido, sino que debe estar asociada a otra u otras que hagan en el juzgador, la convicción del hecho que se busca acreditar (por ejemplo, la prueba de confesión *ficta*[26], o bien, presunciones tanto legal como humana, cuyos efectos acreditan un hecho derivado del

---

[26] Semanario Judicial de la Federación, décima época, tribunales colegiados de circuito, libro 80, noviembre de 2020, tomo III, pág. 1957, tesis aislada (civil). Consulta electrónica ius. "CONFESIÓN FICTA. PARA SU EXISTENCIA Y EFICACIA NO SE REQUIERE DE DECLARATORIA JUDICIAL EXPRESA EN EL CURSO DEL PROCEDIMIENTO NI QUE ÉSTA SEA SOLICITADA POR PARTE INTERESADA (LEGISLACIÓN APLICABLE PARA LA CIUDAD DE MÉXICO)".

acreditamiento de otro). Las singulares existen por sí solas y demuestran lo que se busca acreditar por ellas mismas como, por ejemplo, el acta de matrimonio que acredita por sí sola, el contrato de matrimonio y el régimen bajo el que se contrajo.

5. *Objeto de la Prueba*

El objeto de la prueba, según Hugo Alsina, está constituido por *"los hechos que se alegan como fundamento del derecho que se pretende"*[27]. Por su parte, el maestro De Pina establece que el objeto de la prueba son los hechos dudosos o controvertidos, comprendiendo algunas legislaciones, también, al Derecho consuetudinario y, con carácter de generalidad, al Derecho extranjero[28].

Al efecto, el artículo 284 del Código de Procedimientos Civiles para la Ciudad de México señala que únicamente estarán sujetos a prueba los hechos, así como los usos y

---

[27] Alsina, Hugo. *Derecho Procesal Civil Parte Procedimental*, Editorial Jurídica Universitaria, Serie Clásicos del Derecho Procesal Civil, México, 2001, p. 84.

[28] De Pina, Rafael y Castillo Larrañaga, José. *Instituciones de Derecho Procesal Civil*, Editorial Porrúa, décima edición, México. 1974, p. 285.

costumbres en que se funde el Derecho. En el mismo sentido, el artículo 1198 del Código de Comercio señala que "*Las pruebas deben ofrecerse expresando claramente el hecho o hechos que se trata de demostrar con las mismas, así como las razones por los que el oferente considera que demostrarán sus afirmaciones; si a juicio del tribunal las pruebas ofrecidas no cumplen con las condiciones apuntadas, serán desechadas, observándose lo dispuesto en el artículo 1203 de este ordenamiento. En ningún caso se admitirán pruebas contrarias a la moral o al derecho.*"

Así, resulta que los hechos son el objeto de la prueba como ya lo hemos desarrollado y, por excepción, el Derecho que se funda en usos y costumbres estará sujeto a prueba, convirtiéndose, en este caso, el Derecho en una prueba sobre un hecho. En tal supuesto, habrá de probarse la existencia y realidad del uso o costumbre. Por ejemplo, aun cuando la legislación no prohíbe su utilización y tampoco señala reglas expresas sobre ellas para los actos jurisdiccionales escritos, ello se debió a los lineamientos que durante largo tiempo el uso y la costumbre impusieron a la denominada escritura jurídica forense o redacción judicial. Sin justificación, la idea generalizada fue que las referencias bibliográficas eran para escritos de difusión académica como libros, revistas especializadas e investigaciones con cierto rigor científico, o por lo menos con determinado fundamento bibliográfico; pero no para las sentencias, las demandas y demás escritos del ámbito legal. Sin menoscabo de algunos Tribunales Colegiados de Circuito y Jueces de Distrito, los primeros pasos claramente identificables en el cambio de esos usos y costumbres los dio la Suprema Corte de Justicia de la Nación[29]. También el Código Civil federal señala en su artículo 1856 que el uso o la costumbre del país se tendrán en cuenta para interpretar las ambigüedades de los contratos, por lo cual cabe la posibilidad de invocar la costumbre y las prácticas mercantiles en la interpretación de actos mercantiles, porque por disposición expresa y directa del artículo segundo del propio Código de Comercio, a falta de previsiones en la legislación mercantil es aplicable la

---

[29] Semanario Judicial de la Federación, décima época, tribunales colegiados de circuito, libro 11, octubre de 2014, tomo III, pág. 2882, tesis aislada (común). Consulta electrónica ius. "NOTAS DE REFERENCIA. SU JUSTIFICACIÓN Y FUNCIÓN EN LAS RESOLUCIONES JURISDICCIONALES".

preceptiva del Código Civil Federal, que sí tienen las reglas de interpretación[30].

A efecto de conocer la verdad de un hecho, el juez puede valerse de cualquier medio de prueba, con tal que este no vaya en contra de la ley o la moral. En este sentido, el artículo 278 del código procedimental de la Ciudad de México establece que para conocer la verdad sobre los puntos controvertidos, el juez puede valerse de cualquier persona -parte o tercero-, cosa o documento -perteneciente a las partes o a un tercero-; sin más limitación que la de que las pruebas no estén prohibidas por la ley, ni sean contrarias a la moral. Tampoco serán admitidas si son imposibles o pruebas notoriamente inverosímiles. Lo mismo refiere el numeral 1198 del Código de Comercio invocado en párrafos anteriores.

Podemos afirmar que los hechos, en general, son el objeto de la prueba. Ahora, corresponde determinar cuáles

---

30 Semanario Judicial de la Federación, novena época, tribunales colegiados de circuito, tomo XXXI, enero de 2010, pág. 2267, tesis aislada (civil). Consulta electrónica ius. "USOS Y COSTUMBRES MERCANTILES. VALIDEZ DE SU EMPLEO EN LA INTERPRETACIÓN DE CONTRATOS MERCANTILES".

hechos son los que han de probarse en el proceso. Al respecto, se ha dicho que sólo requieren prueba los hechos afirmados que sean discutibles y discutidos[31].

Por discutibles deben entenderse los hechos que sean útiles para el conocimiento de la verdad que se busca encontrar. Por discutidos, entendemos los hechos que son los peleados o sustentados como los litigiosos; es decir, por ejemplo, cuando una de las partes sostiene en su demanda la existencia de un contrato, pago, o diversa obligación y su contrario (demandado), lo niega; de tal manera que si el hecho que se busca acreditar no encuadra en estos supuestos, debe desestimarse por el juzgador y no admitirse a desahogo.

En efecto, si recordamos que en el Proceso Dispositivo el juez es sólo un "supervisor" del fenómeno procesal, ajustándose únicamente su función a resolver *secundum allegata et probata a partibus* (el juez resolverá según lo alegado y probado por las partes) y si solo los hechos discutidos y discutibles requieren ser probados, la

---

[31] Ovalle Favela, José, *Derecho procesal civil*, novena edición, *op. cit.*, p. 132.

consecuencia lógica es que queden excluidos cierto tipo de hechos que no cumplan con las características referidas, como son los siguientes:

A. Hechos Confesados
B. Hechos Notorios
C. Hechos Presumidos
D. Hechos Irrelevantes
E. Hechos Imposibles o notoriamente inverosímiles.

Procederemos al estudio de cada uno de ellos.

A. Hechos Confesados

Estos hechos, estrictamente hablando, no quedan excluidos de prueba; más bien están ya probados previamente, a través de la confesión de las partes. Así, el actor o el demandado, en sus respectivos escritos de demanda o contestación a la misma, han reconocido la existencia y aceptan como cierto un determinado. Los hechos confesados pueden ser de dos formas:

a) Expresos
b) Tácitos

a) Los *expresos* implican la afirmación asentada así en la demanda o en su contestación, y su efecto es que, en esa parte de la *litis* (que puede ser toda), ya no se requiere probar el hecho narrado[32]. Veamos, a manera de ejemplo, un caso muy natural: cuando se demanda el pago de pensión alimenticia, es necesario hacer la narrativa en la demanda de los hechos que justifican el derecho al reclamo. Así, leamos el siguiente caso a manera de ejemplo, que grafica lo que tratamos de explicar:

Hechos de la demanda	Hechos de la contestación
1. Con fecha 30 de noviembre de 2017, el señor 'A' y la suscrita 'B' contrajimos matrimonio civil,	1. El hecho que se contesta es cierto y por tanto, se afirma.

[32] Tal fenómeno puede observarse, por ejemplo, en el caso del allanamiento total; caso en el cual se suprime la etapa probatoria en el proceso, de conformidad con el siguiente artículo del Código de Procedimientos Civiles para la Ciudad de México: Artículo 274. Cuando el demandado se allane a la demanda en todas sus partes o manifestando el actor su conformidad con la contestación de ella, se citará para sentencia, previa ratificación del escrito correspondiente ante el juez de los autos si se trata de juicio de divorcio, sin perjuicio de lo previsto en la parte final del artículo 271. En caso del allanamiento judicial expreso que afecte a toda la demanda, produce el efecto de que el juez otorgue en la sentencia un plazo de gracia al deudor después de efectuado el secuestro y a reducir las costas.

como lo acredito con el acta de matrimonio que se acompaña a esta demanda.	
2. Con fecha dos de marzo de 2019, nació nuestro hijo a quién le pusimos por nombre 'xxx', como lo acredito con el acta de nacimiento que se acompaña a este escrito.	2. El hecho que se contesta es cierto y por tanto se afirma.
3. El domicilio conyugal lo establecimos en calle Campana número 50 colonia Insurgentes Mixcoac, en Ciudad de México.	3. El hecho que se contesta es cierto y por tanto se afirma.
4. A los tres meses de nacido nuestro menor hijo, el hoy demandado dejó el domicilio conyugal cambiando de manera permanente de residencia.	4. El hecho que se contesta es parcialmente cierto por cuanto a que salí del domicilio conyugal; sin embargo, es relevante resatar a Usted C. Juez que salí por un tema de incompatibilidad de caracteres con la actora.
5. Es el caso que desde el pasado mes de febrero, el padre del menor, hoy demandado, se ha abstenido de pagar la pensión alimenticia que le corresponde.	5. El hecho que se contesta es falso, siendo que el suscrito en todo tiempo ha satisfecho las necesidaes alimenarias de mi menor hijo, como lo acreditaré durante la secuela procesal.

Como se lee, en los tres primeros hechos, no existe discusión o litigio, debido al reconocimiento de ambas partes respecto de ciertos eventos que se dieron en la construcción del matrimonio y nacimiento del hijo. De ahí, la ley genera los derechos y obligaciones derivados del hecho jurídico denominado nacimiento.

b) La confesión *tácita* resulta de la omisión de dar contestación a la demanda o hacer referencia en la contestación con afirmación o negativa a cada uno de los hechos que sustentan la acción. La omisión o silencio es 'castigada' con una afirmación ficta. La confesión tácita o ficta, es, como se ha dicho, una prueba concurrente que requiere de acreditar el hecho con esa confesión ficta, más alguna otra probanza que sea eficaz. La afirmativa ficta solo genera una presunción que admite prueba en contrario (es decir, presunción *"Iuris Tantum")*.

En materia Mercantil, a la confesión sobre hechos se le califica de 'judicial' y de 'extrajudicial'. El artículo 1211 del Código de Comercio así lo dispone. Conforme a los numerales 1212 y 1213, es confesión judicial la que se realiza ante juez competente, sea al contestar la demanda o al asbolver posiciones; la extrajudicial es aquella que se hace ante juez incompetente.

Eduardo J. Couture señala que los hechos admitidos quedan fuera del contradictorio y, en consecuencia, fuera de la prueba. Se relaciona en este punto el principio de economía procesal, que implica realizar los fines del proceso con el menor número de actos posible. Imponer la prueba de todos los hechos, incluso los confesados, representaría exigir un inútil dispendio de energías contrario al referido principio[33].

Así, la prueba no deberá recaer sobre hechos confesados, representando ello una limitación de las proposiciones que deben ser objeto de prueba y cumpliendo con una función de depuración previa para saber qué hechos deben ser probados.

---

[33] Couture, Eduardo J. *Fundamentos de derecho procesal civil, op. cit.*,1942, p. 106.

Consideramos interesante transcribir la siguiente tesis aislada, emitida por el Segundo Tribunal Colegiado del Vigésimo Tercer Circuito[34]:

CONFESIÓN TÁCITA. EL CÓDIGO DE COMERCIO NO LA MENCIONA EXPRESAMENTE, PERO SÍ PREVÉ LOS SUPUESTOS EN QUE SE CONFIGURA. Pese a que el Código de Comercio, en los artículos 1211, 1212 y 1213, no establece la confesión tácita, en la diversa disposición 1232 la reconoce tácitamente al señalar: "El que deba absolver posiciones, será declarado confeso: I. Cuando sin justa causa no comparezca a absolver posiciones cuando fue citado para hacerlo, y apercibido de ser declarado confeso; II. Cuando se niegue a declarar; III. Cuando al hacerlo insista en no responder afirmativa o negativamente.". Este tipo de confesión corresponde a la prevista por el artículo 247 del Código de Procedimientos Civiles para el Estado de Aguascalientes, el cual establece que la confesión tácita es

[34] Semanario Judicial de la Federación, novena época, tribunales colegiados de circuito, tomo XVI, octubre de 2002, pág. 1351, tesis aislada (civil). Consulta electrónica ius. "CONFESIÓN TÁCITA. EL CÓDIGO DE COMERCIO NO LA MENCIONA EXPRESAMENTE, PERO SÍ PREVÉ LOS SUPUESTOS EN QUE SE CONFIGURA".

la que se presume en los casos señalados por la ley. Así, en virtud de que la confesión tácita está regulada deficientemente en el Código de Comercio, pues aun cuando establece los supuestos en los que se configura no la menciona expresamente como un tipo de confesión, el artículo 1232 del Código de Comercio sí la reconoce al establecer los casos de confesión tácita.

B. *Hechos Notorios*

Al respecto, existen 2 máximas jurídicas relacionadas con este tópico:

- *Notoria non egent Probatione*. Los hechos notorios no es necesario probarlos; porque se trata de hechos cuya realidad puede conocerse a través de una actividad distinta de la procesal, sin que ello suponga un ataque a las garantías que el proceso proporciona a las partes[35].

---

[35] Cisneros Farías Germán, *Diccionario de frases y aforismos latinos*, 2003, Universidad Nacional Autonoma de México. Recuperado de: http://www.unae.edu.py/biblio/libros/Diccionario-de-frases-y-aforismos-latinos.pdf

- *Notoria Probatione Non Indigent*. Lo que es notorio no necesita probarse[36].

El Artículo 286 del Código de Procedimientos Civiles para la Ciudad de México indica que los hechos notorios no requieren ser probados; además, el juzgador podrá invocarlos aunque las partes no los hayan alegado. Sin duda, lo anterior es una excepción al principio de que el juez no puede resolver *Ultra Alegata Et Probata a Partibus* (más allá de lo alegado y probado por las partes)[37].

La doctrina establece las siguientes condiciones para considerar al hecho, como notorio:

a) Se entiende por hecho notorio aquel cuyo conocimiento forma parte de la cultura normal propia de un determinado círculo social, en el momento en que la decisión se pronuncia[38].

---

[36] *Idem*.

[37] Ovalle Favela, José, *Derecho procesal civil*, novena edición, *op. cit.*, p. 133.

[38] Alsina Hugo, *op. cit.*, p.87.

b) Hecho notorio es, un hecho que por su divulgación general y pública no puede ser ignorado por nadie, o debe ser reconocido por todos[39].

c) Notorio no es lo que efectivamente se conoce, sino lo que puede ser conocido por medio de la ciencia pública y común, previsible y controlable, en consecuencia, por las partes[40].

d) Se consideran notorios aquellos hechos cuyo conocimiento forma parte de la cultura normal propia de un determinado círculo social en el tiempo en que se produce la decisión[41].

Nuestros tribunales federales han establecido los siguientes criterios relevantes:

---

39 Rocco, Ugo. *Derecho Procesal Civil,* Jurídica Universitaria, Serie Clásicos del Derecho Procesal Civil, volumen I, México, 2001, p. 335.

40 Chiovenda, Giuseppe. *Instituciones de derecho procesal civil,* Jurídica Universitaria, Serie Clásicos del Derecho Procesal Civil, volumen 4, México, 2001, pp. 433 y 434.

41 De Pina, Rafael y Castillo Larrañaga, José, *op. cit.*, p. 308.

HECHOS NOTORIOS. CONCEPTOS GENERAL Y JURÍDICO. Conforme al artículo 88 del Código Federal de Procedimientos Civiles los tribunales pueden invocar hechos notorios aunque no hayan sido alegados ni probados por las partes. Por hechos notorios deben entenderse, en general, aquellos que por el conocimiento humano se consideran ciertos e indiscutibles, ya sea que pertenezcan a la historia, a la ciencia, a la naturaleza, a las vicisitudes de la vida pública actual o a circunstancias comúnmente conocidas en un determinado lugar, de modo que toda persona de ese medio esté en condiciones de saberlo; y desde el punto de vista jurídico, hecho notorio es cualquier acontecimiento de dominio público conocido por todos o casi todos los miembros de un círculo social en el momento en que va a pronunciarse la decisión judicial, respecto del cual no hay duda ni discusión; de manera que al ser notorio la ley exime de su prueba, por ser del conocimiento público en el medio social donde ocurrió o donde se tramita el procedimiento.[42]

---

[42] Semanario Judicial de la Federación, novena época, pleno, tomo XXIII, junio de 2006, pág. 963, jurisprudencia (común). Consulta electrónica ius. "HECHOS NOTORIOS. CONCEPTOS GENERAL Y JURÍDICO".

HECHOS NOTORIOS. No necesitan ser probados porque es al juzgador a quien corresponde estimar la notoriedad de un hecho, toda vez que ello es subjetivo y la ley no fija reglas sobre el particular.[43]

En este sentido, como se lee, se deja al arbitrio del juez determinar cuál es el hecho notorio; en su caso, habrá que impugnar la sentencia definitiva que se funde en ello, demostrando ante el tribunal revisor, que la calificación de hecho notorio es indebida y que, por tanto, requería de prueba el hecho a debatir (o viceversa).

Leamos la siguiente tesis:

HECHOS NOTORIOS, NATURALEZA DE LOS. La doctrina procesalista define los hechos notorios como aquellos cuyo conocimiento forma parte de la cultura normal de un determinado sector social al tiempo de pronunciar la resolución, por lo que no es preciso para

---

[43] Semanario Judicial de la Federación, quinta época, tercera sala, tomo LXVIII, pág. 1681, tesis aislada (común). Consulta electrónica ius. "HECHOS NOTORIOS".

utilizar en juicio la notoriedad de un hecho que el Juez deba conocerlo efectivamente antes de la decisión, o pertenecer el propio Juez a aquel grupo social dentro del cual el hecho es notorio; la razón por la que los hechos notorios son utilizados en las decisiones judiciales sin necesidad de pruebas, no estriba en el conocimiento real de los mismos por parte del Juez, sino en la crítica colectiva que los ha aquilatado fuera del proceso, hasta crear en un determinado círculo social, una opinión común, admitida por todos en orden a su verdad; si el hecho cuya notoriedad se invoca, forma parte de los que un hombre dotado de la cultura de un Juez, puede normalmente conocer, como la fecha de un hecho histórico, el propio Juez puede acudir directamente, cuando no le sea fiel la memoria, a los libros de historia o de cualesquiera otra ciencia, en los que el hecho se consigne, y aun cuando la notoriedad es un concepto esencialmente relativo, puesto que no existen hechos conocidos por todos los hombres, sin limitación de tiempo ni de espacio, debe tenerse en cuenta que lo que determina la notoriedad, no es el número de las personas a que conocen el hecho, sino el carácter de indiscutida y desinteresada certidumbre que este conocimiento lleva para siempre impreso dentro del sector social de que es patrimonio común; la notoriedad de un hecho entre un determinado sector social no significa conocimiento efectivo del mismo, por parte de todos aquellos que integran este sector, y ni siquiera conocimiento efectivo de parte de la mayoría, ya que no es posible recordar todas las nociones que una persona puede considerar como verdades comprobadas y como patrimonio intelectual definitivamente adquirido por su cultura, y así como no sería factible de improviso precisar en que año murió don Benito Juárez, ni enumerar de memoria los puertos de determinada nación, no obstante que estas nociones siendo parte de la cultura de determinadas personas y notorios dentro de la esfera social a que pertenecen; no las recuerda, sin embargo, tal desconocimiento efectivo no desvirtúa el carácter de notoriedad de esos hechos, por que son datos que existen consignados como indiscutibles en los manuales de historia y geografía, a los que se puede acudir en cualquier momento; así pues, la notoriedad de un hecho entre un determinado círculo social, significa que el mismo forma parte de aquel patrimonio de nociones que todos los miembros de ese círculo saben que podrán obtener cuando sea necesario, con la seguridad de hallarlas dentro del número de verdades tenidas comúnmente como indiscutibles[44].

Es decir, la notoriedad de un hecho entre un determinado sector social no significa conocimiento efectivo del mismo, ya que no es posible recordar todas las menciones que un persona puede considerar como no comprobadas y como patrimonio intelectual definitivamente adquirido por su cultura (así, de improviso no sería factible precisar en qué año murió Benito Juárez, ni ennumerar de memoria las ciudades capitales de los países europeos, no obstante que éstas formen parte de la cultura de determinadas personas dentro de la esfera social a que pertenecen). Sin embargo, tal desconocimiento efectivo no desvirtúa el carácter de notoriedad de esos hechos, porque son datos que existen consignados como indiscutibles en los manuales de historia y geografía, a los que se puede acudir en cualquier momento[45].

---

44 Semanario Judicial de la Federación, quinta época, tercera sala, tomo LVIII, pág. 2643, tesis aislada (civil). Consulta electrónica ius. "HECHOS NOTORIOS, NATURALEZA DE LOS".

45 Ovalle Favela, José, *Derecho procesal civil*, novena edición, *op. cit.*, p. 133.

C. *Hechos Presumidos*

Eduardo J. Couture indica que no necesitan prueba los hechos sobre los cuales recae una presunción legal. Así, el hecho presumido no es objeto de prueba. Es en este sentido que la presunción se considera un subrogado de la prueba, pues la eliminación del campo de la prueba es consecuencia natural de la eliminación de su campo de debate[46]. Pero, antes de entrar en materia, resolveremos la siguiente cuestión: ¿Qué es una *presunción*?

El artículo 379 del Código de Procedimientos Civiles para la Ciudad de México, al respecto nos ilustra estableciendo que presunción es la consecuencia que la ley o el juzgador deducen de un hecho conocido para averiguar la verdad de otro hecho desconocido. Indica la disposición en comento que a la primera clase de presunción se le denomina legal y, a la segunda, humana.

En este tenor, la presunción supone el concurso de tres circunstancias, esto es, un hecho conocido, uno

---

[46] Couture, Eduardo J. *Fundamentos de derecho procesal civil, op. cit.*,1942, pp. 108 y 109.

desconocido y una relación de causalidad. Lo que, en estricto sentido, queda fuera del objeto de la prueba son el hecho desconocido y la relación de causalidad, puesto que se debe demostrar el hecho en que la presunción se apoya[47].

a) Presunción legal y humana.

Como dijimos, la legislación adjetiva de la Ciudad de México establece que existen presunciones de dos tipos, a saber, las legales y las humanas. Trataremos, en primer término, de las presunciones del primer tipo.

Al efecto, el artículo 380 del cuerpo procesal para Ciudad de México, dispone que habrá presunción legal en aquellos casos en que la ley expresamente la establece y cuando su consecuencia nazca inmediata y directamente de esta. Por su parte, el numeral 383 del mismo código establece que en los supuestos en que la presunción legal admita prueba en contrario, operará la inversión de la carga de la prueba.

---

[47] *Idem.*

De la última de las disposiciones mencionadas en el párrafo anterior, deriva la clasificación de las presunciones legales en *juris et de jure* y *juris tantum*. La primera es aquella que no admite prueba en contrario, como por ejemplo lo dispuesto en el artículo 382 del Código adjetivo civil para Ciudad de México dispone que no se admitirá prueba contra la presunción legal en los casos en que la ley lo prohiba expresamente y cuando su efecto sea anular un acto o negar una acción, salvo que la ley haya reservado el derecho de probar.

Becerra Bautista comenta en relación con esta clase de presunción que: *"realmente, no se trata de un problema de prueba, sino de disposiciones legislativas que nulifican determinados actos o privan de acción, mediante el sistema de crear presunciones que no admiten prueba en contrario"*. Así, se dice que esta clase de presunciones no son tales, pues solo son formas de crear nulidades o de privar de derecho de accion a quienes se encuentren en los supuestos previstos por la presunción[48].

---

[48] Becerra Bautista, José. *El Proceso Civil en México, op. cit.*, Décima segunda edición, pp. 161 y 162.

Por su parte, las presunciones legales *juris tantum* son aquellas que admiten prueba en contrario, pero también se encuentran previstas en la ley. En estos casos, según Chiovenda, el efecto es dispensar de toda prueba a la parte en cuyo favor se den. Empero, Rocco explica que la dispensa de la carga de la prueba es relativa, puesto que quien tiene a su favor una presunción *juris tantum* no debe probar el hecho alegado que la ley presume, pero si debe probar los hechos que constituyen los presupuestos de la presunción[49].

Por último al respecto, precisamos que el artículo 381 del código procedimental de la Ciudad de México ordena que quien tiene a su favor una presunción legal, únicamente estará obligado a probar el hecho en que se funda esta.

Una presunción que genera un acto de molestia en todo procedimiento contencioso que inicia con embargo (juicio ejecutivo civil/mercantil), lo es que el numeral 798 del Código Civil Federal señala que *"la posesión da al que la tiene, la presunción de propietario para todos los efectos legales. El que posee en virtud de un derecho personal, o de un derecho*

---

[49] *Idem.*

real distinto de la propiedad, no se presume propietario; pero si es poseedor de buena fe tiene a su favor la presunción de haber obtenido la posesión del dueño de la cosa o derecho poseído."

Así, estando el demandado en el domicilio donde se le busca, se presume que es propietario de los bienes que están dentro del inmueble; pero al tratarse de presunción *iuris tantum* se podrá probar que los bienes no le pertenecen, exhibiendo en juicio, por ejemplo, las facturas de propiedad de los muebles o del vehículo embargado.

Ahora, nos referimos a las presunciones humanas que son aquellas inducciones de la existencia de un hecho conocido a partir de la demostración de un hecho conocido. En este respecto, el artículo 380 del mismo cuerpo normativo que hemos citado indica que habrá presunciones de esta clase cuando de un hecho debidamente probado se deduzca otro que sea consecuencia ordinaria del primero. Con respecto a estas se dice que no producen el convencimiento, sino que son el convencimiento mismo[50].

---

50 *Ibidem.*

Del texto de la ley procesal, en este sentido se infiere que la presunción humana no se prueba, sino que lo que debe demostrarse es el hecho que le da origen.

Por ejemplo, si yo demuestro que una persona no tiene brazos, demuestro (la presunción) que no pudo haber golpeado a la persona con las manos. Es decir, en un juicio yo no demuestro que no le pegó el señor x a la señora y (porque las negaciones relevan de carga de prueba), sino que con que demuestre la falta de brazos, se infirere el hecho presumido.

Por su parte, el Código de Comercio establece los mismos principios comentados, en sus artículos 1277 al 1284. Así, este cuerpo legal mercantil cuenta con una regulación más amplia al respecto, pues además de incluir las disposiciones comentadas del Código de Procedimientos Civiles para la Ciudad de México establece que las presunciones humanas no servirán para probar los actos que deben constar en una forma especial, conforme a la ley (como por ejemplo, la hipoteca que debe constar en escritura pública o un fideicomiso que debe constar por escrito).

Adicionalmente, el código mercantil dispone que la presunción debe ser grave y precisa; es decir, debe ser digna de ser aceptada por personas de buen criterio y, asimismo, el hecho probado en que se funde, debe ser parte, antecedente o consecuencia del que se quiera probar. Cuando fueren varios los hechos en que se funde la presunción, además, deberán estar enlazadas, de tal forma que todas tiendan a probar el hecho, aunque produzcan indicios diferentes.

Finalmente, la legislación mercantil refiere que en caso de ser varias las presunciones con que se pruebe un hecho, han de ser concordantes; ello implica que no deberán modificarse ni destruirse entre ellas y deberán contar con un enlace entre sí y con el hecho probado.

A modo de conclusión, en el caso de las presunciones, lo que hay que debe probarse es el hecho que da nacimiento a la presunción.

D. Hechos Irrelevantes

No basta con que un hecho sea discutido y discutible para que haya de probarse, sino que, igualmente, deberá tener trascendencia para la solución del litigio. Aquellos hechos que realmente no importan para el conocimiento de la verdad en juicio y la resolución que ha de dictarse, son considerados 'irrelevantes' y, por tanto, no han de ser probados.

Según Ovalle Favela: "*Deben excluirse de prueba, por tanto, los hechos que no correspondan a los supuestos jurídicos previstos en la norma cuya aplicación se pretende a través del proceso, o que no tengan relación con esos supuestos (arts. 289, 291 y 298)*[51]".

Un ejemplo burdo pero que grafica bien lo que tratamos de señalar, lo es que en un juicio en el que se busca el pago de un crédito, se trate de demostrar que no se ha pagado, porque el señor tiene muchos problemas conyugales y trate, en este procedimiento, incluir sus problemas de convivencia.

---

[51] Ovalle Favela, José, *Derecho procesal civil*, novena edición, *op. cit.*, p. 134.

E. *Hechos Imposibles e Inverosímiles*

Arellano García, en su libro 'Derecho Procesal Civil', cita al autor Eduardo Pallares, quien nos ilustra al respecto del hecho imposible, diciendo: *"es aquel que de acuerdo con los conocimientos científicos de una época determinada, es contrario a las leyes de la naturaleza o que en sí mismo implica contradicción"*[52].

Por su parte, De Pina indica que *"Hecho imposible es aquel que, alegado por cualquiera de las partes, pertenece al mundo de la imaginación, sin que en el orden material de las cosas quepa racionalmente aceptar que pueda concretarse en una realidad perceptible, bien sea producto de una anormalidad mental del sujeto que la alega, bien de un propósito malicioso del mismo"*. Seguidamente refiere: *"Para la admisibilidad de los hechos como objeto de la prueba se requiere que sean posibles o influyentes o pertinentes a los fines del proceso.El principio de la economia procesal rechaza la admision de los hechos impisibles o impertinentes e inútiles"*[53].

---

[52] Arellano Garcia Carlos, *Derecho Procesal Civil, op. cit.*, p.152

[53] De Pina Rafael y Castillo Larrañaga Jose, *op. cit.*, p 286.

Al igual que los hechos notorios, la apreciación del juzgador sobre la imposibilidad o inverosimilitud del hecho es, evidentemente, subjetiva. El primer párrafo del artículo 298 del Código de Procedimietos Civiles, establece la prohibición al juzgador de asumir pruebas sobre hechos "imposibles o notoriamente inverosímiles".

A manera de dar claridad al concepto, podemos afirmar que por hecho imposible se entiende aquél que en el juicio que se discute, no pudo haberse dado. No sabemos si en otro juicio es posible, pero en el que se tiene en las manos, no. Ejemplo, que una parte alegue haber corrido parav salvar su vida, cuando carece de piernas.

Respecto del hecho 'notoriamente inverosimil' es el supuesto en que ni en el juicio que se trata y en ningun otro, pudo darse lo que se alega como acción. Como ejemplo, que el actor, varón, alegue se le reconozca como padre de un niño porque él estuvo embarazado y él lo parió.

Es de hacerse notar que, en este caso, es el juez quién calificará la imposibilidad o inverosimilitud del hecho antes de que le pueda ser probado, lo que acarrea el problema de dejar sin posibilidad de acreditar la veracidad o posibilidad del hecho que forma la *litis*.

Abona a lo que señalamos, la siguiente tesis jurisprudencial:

DISPOSICIONES DE EFECTIVO CON TARJETA DE DÉBITO EN CAJERO AUTOMÁTICO. DESCONOCIMIENTO DE LAS MISMAS. LA PRESUNCIÓN LEGAL DERIVADA DEL ARTÍCULO 89 DEL CÓDIGO FEDERAL DE PROCEDIMIENTOS CIVILES, ADMITE COMO PRUEBAS EN SU CONTRA LAS PRESUNCIONES GRAVES QUE SE DESPRENDAN DE LA INVEROSIMILITUD DE LOS HECHOS NARRADOS EN LA DEMANDA[54].

---

[54] OCTAVO TRIBUNAL COLEGIADO EN MATERIA CIVIL DEL PRIMER CIRCUITO. Amparo directo 651/2017. Banco Nacional de México, S.A., integrante del Grupo Financiero Banamex. 10 de octubre de 2017. Unanimidad de votos. Ponente: José Juan Bracamontes Cuevas. Secretario: Alfredo Lugo Pérez. Registro digital: 2017492. Instancia: Tribunales Colegiados de Circuito. Décima Época . Materia(s): Civil. Tesis: I.8o.C.60 C (10a.). Fuente: Gaceta del Semanario Judicial de la Federación. Libro 57, Agosto de 2018, Tomo III, página 2691. Tipo: Aislada.

Cuando se deduce la acción de desconocimiento de la disposición de efectivo en cajeros automáticos por medio de tarjeta de débito, alegándose contar con la tarjeta, pero no con el número de identificación personal, es factible acreditar los hechos de la demanda, en términos de la presunción legal que deriva del artículo 89 del Código Federal de Procedimientos Civiles, que dispone que se tendrán por demostrados los hechos aducidos, cuando una de las partes no exhibe, a la inspección del tribunal, la cosa o documento que tiene en su poder o de que puede disponer, salvo prueba en contrario, cuando la institución bancaria no exhibe las documentales consistentes en las tiras auditoras operadas en cajeros automáticos y diversos establecimientos, de las fichas de disposición en efectivo operados en sucursales de la demandada, de las fichas de disposición en efectivo operadas en establecimientos mercantiles, y del acuse entrega del número de identificación personal (NIP) de la tarjeta de débito ligado a la cuenta materia de controversia. Sin embargo, como dicha presunción legal admite pruebas en contrario, puede ser desvirtuada con las presunciones graves que se desprenden de la inverosimilitud de los hechos aducidos en la propia demanda. Así, por ejemplo, si se reclaman múltiples disposiciones dentro de un lapso mayor a tres años, señalando no haber tenido conocimiento de los estados de cuenta bancarios para objetar los pagos mensualmente conforme a las condiciones del contrato de depósito de dinero, y carecer durante todo ese periodo del número de identificación personal, porque no le fue proporcionado por el banco demandado, y que en todo ese tiempo no conoció los movimientos que se daban mes con mes en su cuenta, porque no le habían remitido los estados de cuenta durante todo ese tiempo, debe considerarse que esa clase de argumentos son inverosímiles, pues el que se hayan llevado a cabo operaciones por todo el tiempo señalado y que éste no se hubiera percatado, no es creíble, debido a que en primer lugar él poseía la tarjeta de débito, y si lo que pretendía señalar es que dicha tarjeta fue clonada, quien poseyera la tarjeta duplicada se habría conducido de manera temeraria durante un tiempo inusual, extrayendo los fondos de la cuenta, sin que el propietario de la cuenta se pudiera percatar, por no revisar su estado de cuenta de manera periódica por todo ese tiempo, lo que atenta contra cualquier lógica elemental. En ese orden, la presunción legal de referencia se desvirtúa, si existen presunciones graves que operan en contra de dicha determinación.

6. *Prueba del Derecho.*

Existen dos máximas del Derecho que tienen amplia injerencia con respecto a este tema:

A. *Iura Novit Curia* (El tribunal conoce el Derecho).

B. *Narra Mihi Factum, Dabo Tibi Ius* (Dame los hechos, que yo te daré el Derecho).

La regla general es que el derecho no se prueba y, en relación con ello, se encuentra el principio general que consagra la presunción de conocimiento del mismo. Así, carecería de sentido la prueba del derecho en un sistema en el que este se supone conocido y donde el juzgador es experto en él (todos los jueces deben ser Licenciados en Derecho). Sin embargo, ello encuentra algunas excepciones[55].

---

55 Couture, Eduardo J. *Fundamentos de derecho procesal civil, op. cit.*,1942, p. 103.

El Tribunal está obligado a conocer el derecho nacional, positivo y vigente, por ello, una de las condiciones que debe cubrir un jugador para ser investido así, es ser Licenciado en Derecho; es decir perito en la materia. Por tanto, ninguna de las partes está obligada a demostrar la aplicación del derecho sustantivo al caso controvertido.

Por cuanto hace a la prueba del derecho, solo es admisible cuando:

a) El derecho se funde en leyes extranjeras.
b) El derecho se funde en usos.
c) El derecho se funde en costumbres.
d) El derecho se funde en jurisprudencia.

Por lo que hace a la prueba del derecho extranjero el artículo 284 Bis del código procesal civil para el Distrito Federal, señala que el juez aplicará el derecho extranjero tal como lo aplicaría el juez del país de que se trate, cuyo derecho sea aplicable, pero, para ello, deberá informarse del texto, vigencia, sentido y alcance legal del derecho extranjero, pudiendo valerse de informes oficiales al respecto, solicitarlos al Servicio Exterior Mexicano, o bien ordenar o solicitar las diligencias probatorias que consideren necesarias o que ofrezcan las partes.

Del Uso y Costumbre, podemos decir que respecto del derecho que sea fuente de ambos se deberá probar:

a) Que el uso y/o la costumbre existen, es decir, que se ha dado el comportamiento mismo reiterado o bien que es una práctica usual.

b) Que este tutelada por el derecho.

De acuerdo con el Maestro Jesús de la Fuente Rodríguez[56], el concepto de Uso y costumbre son "supletorios de la legislación bancaria y comercial".

"Uso" señala el Maestro De la Fuente, viene del latín "*usus*" que significa "práctica, costumbre hábito". Los juristas entienden por uso, la práctica o modo de obrar que tiene fuerza obligatoria. Frecuentemente se opone el uso a la costumbre, en virtud de qué aquel es meramente

---

[56] De la Fuente Rodríguez, Jesús. Tratado de Derecho Bancario y Bursátil. Ed. Porrúa. 1999. Pág. 14.

una práctica limitada que utilizan algunos sectores como los banqueros o comerciantes de un lugar; mientras que, la costumbre presupone una aceptación general.

Sin embargo, a diferencia de la legislación, los usos no se promulgan en medios documentales, y en la mayoría de las veces, los jueces ignoran la existencia de los mismos, por lo que aquel a quien favorezca encontrará conveniente a sus intereses, rendir judicialmente la prueba de la realidad y contenido del uso invocado a través de testigos, dictámenes, documentos públicos, certificaciones expedidas, etc[57].

Una referencia interesante respecto de este tópico lo es el texto del artículo 2 de la Constitución Política de los Estados Unidos Mexicanos, que en el año 2001 sufrió una importante modificación para privilegiar los usos y costumbres de las comunidades indígenas en México, sufriendo con posterioridad más adecuaciones de acuerdo con lo que transcribimos:

---

[57] Idem. Pág. 15.

ARTÍCULO 2o.- La Nación Mexicana es única e indivisible.

La Nación tiene una composición pluricultural sustentada originalmente en sus pueblos indígenas que son aquellos que descienden de poblaciones que habitaban en el territorio actual del país al iniciarse la colonización y que conservan sus propias instituciones sociales, económicas, culturales y políticas, o parte de ellas.

La conciencia de su identidad indígena deberá ser criterio fundamental para determinar a quiénes se aplican las disposiciones sobre pueblos indígenas.

Son comunidades integrantes de un pueblo indígena, aquellas que formen una unidad social, económica y cultural, asentadas en un territorio y que reconocen autoridades propias de acuerdo con sus usos y costumbres.

El derecho de los pueblos indígenas a la libre determinación se ejercerá en un marco constitucional de autonomía que asegure la unidad nacional. El reconocimiento de los pueblos y comunidades indígenas se hará en las constituciones y leyes de las entidades federativas, las que deberán tomar en cuenta, además de los principios generales establecidos en los párrafos anteriores de este artículo, criterios etnolingüísticos y de asentamiento físico.

A. Esta Constitución reconoce y garantiza el derecho de los pueblos y las comunidades indígenas a la libre determinación y, en consecuencia, a la autonomía para:

I. Decidir sus formas internas de convivencia y organización social, económica, política y cultural.

II. Aplicar sus propios sistemas normativos en la regulación y solución de sus conflictos internos, sujetándose a los principios generales de esta Constitución, respetando las garantías individuales, los derechos humanos y, de manera relevante, la dignidad e integridad de las mujeres. La ley establecerá los casos y procedimientos de validación por los jueces o tribunales correspondientes.

III. Elegir de acuerdo con sus normas, procedimientos y prácticas tradicionales, a las autoridades o representantes para el ejercicio de sus formas propias de gobierno interno, garantizando que las mujeres y los hombres indígenas disfrutarán y ejercerán su derecho de votar y ser votados en condiciones de igualdad; así como a acceder y desempeñar los cargos públicos y de elección popular para los que hayan sido electos o designados, en un marco que respete el pacto federal, la soberanía de los Estados y la autonomía de la Ciudad de México. En ningún caso las prácticas comunitarias podrán limitar los derechos político-electorales de los y las ciudadanas en la elección de sus autoridades municipales.

IV. Preservar y enriquecer sus lenguas, conocimientos y todos los elementos que constituyan su cultura e identidad.

V. Conservar y mejorar el hábitat y preservar la integridad de sus tierras en los términos establecidos en esta Constitución.

VI. Acceder, con respeto a las formas y modalidades de propiedad y tenencia de la tierra establecidas en esta Constitución y a las leyes de la materia, así como a los derechos adquiridos por terceros o por integrantes de la comunidad, al uso y disfrute preferente de los recursos naturales de los lugares que habitan y ocupan las comunidades, salvo aquellos que corresponden a las áreas estratégicas, en términos de esta Constitución. Para estos efectos las comunidades podrán asociarse en términos de ley.

VII. Elegir, en los municipios con población indígena,

representantes ante los ayuntamientos, observando el principio de paridad de género conforme a las normas aplicables.

Las constituciones y leyes de las entidades federativas reconocerán y regularán estos derechos en los municipios, con el propósito de fortalecer la participación y representación política de conformidad con sus tradiciones y normas internas.

VIII. Acceder plenamente a la jurisdicción del Estado. Para garantizar ese derecho, en todos los juicios y procedimientos en que sean parte, individual o colectivamente, se deberán tomar en cuenta sus costumbres y especificidades culturales respetando los preceptos de esta Constitución. Los indígenas tienen en todo tiempo el derecho a ser asistidos por intérpretes y defensores que tengan conocimiento de su lengua y cultura.

Las constituciones y leyes de las entidades federativas establecerán las características de libre determinación y autonomía que mejor expresen las situaciones y aspiraciones de los pueblos indígenas en cada entidad, así como las normas para el reconocimiento de las comunidades indígenas como entidades de interés público.

B. La Federación, las entidades federativas y los Municipios, para promover la igualdad de oportunidades de los indígenas y eliminar cualquier práctica discriminatoria, establecerán las instituciones y determinarán las políticas necesarias para garantizar la vigencia de los derechos de los indígenas y el desarrollo integral de sus pueblos y comunidades, las cuales deberán ser diseñadas y operadas conjuntamente con ellos.

Para abatir las carencias y rezagos que afectan a los pueblos y comunidades indígenas, dichas autoridades, tienen la obligación de:

I. Impulsar el desarrollo regional de las zonas indígenas con el propósito de fortalecer las economías locales y mejorar las condiciones de vida de sus pueblos, mediante acciones coordinadas entre los tres órdenes de gobierno, con la participación de las comunidades. Las autoridades municipales determinarán equitativamente las asignaciones presupuestales que las comunidades administrarán directamente para fines específicos.

II. Garantizar e incrementar los niveles de escolaridad, favoreciendo la educación bilingüe e intercultural, la alfabetización, la conclusión de la educación básica, la capacitación productiva y la educación media superior y superior. Establecer un sistema de becas para los estudiantes indígenas en todos los niveles. Definir y desarrollar programas educativos de contenido regional que reconozcan la herencia cultural de sus pueblos, de acuerdo con las leyes de la materia y en consulta con las comunidades indígenas. Impulsar el respeto y conocimiento de las diversas culturas existentes en la nación.

III. Asegurar el acceso efectivo a los servicios de salud mediante la ampliación de la cobertura del sistema nacional, aprovechando debidamente la medicina tradicional, así como apoyar la nutrición de los indígenas mediante programas de alimentación, en especial para la población infantil.

IV. Mejorar las condiciones de las comunidades indígenas y de sus espacios para la convivencia y recreación, mediante acciones que faciliten el acceso al financiamiento público y privado para la construcción y mejoramiento de vivienda, así como ampliar la cobertura de los servicios sociales básicos.

V. Propiciar la incorporación de las mujeres indígenas al desarrollo, mediante el apoyo a los proyectos productivos, la protección de su salud, el otorgamiento de estímulos para favorecer su educación y su participación en la toma de decisiones relacionadas con la vida comunitaria.

VI. Extender la red de comunicaciones que permita la integración de las comunidades, mediante la construcción y ampliación de vías de comunicación y telecomunicación. Establecer condiciones para que los pueblos y las comunidades indígenas puedan adquirir, operar y administrar medios de comunicación, en los términos que las leyes de la materia determinen.

VII. Apoyar las actividades productivas y el desarrollo sustentable de las comunidades indígenas mediante acciones que permitan alcanzar la suficiencia de sus ingresos económicos, la aplicación de estímulos para las inversiones públicas y privadas que propicien la creación de empleos, la incorporación de tecnologías para incrementar su propia capacidad productiva, así como para asegurar el acceso equitativo a los sistemas de abasto y comercialización.

VIII. Establecer políticas sociales para proteger a los migrantes de los pueblos indígenas, tanto en el territorio nacional como en el extranjero, mediante acciones para garantizar los derechos laborales de los jornaleros agrícolas; mejorar las condiciones de salud de las mujeres; apoyar con programas especiales de educación y nutrición a niños y jóvenes de familias migrantes;

velar por el respeto de sus derechos humanos y promover la difusión de sus culturas.

IX. Consultar a los pueblos indígenas en la elaboración del Plan Nacional de Desarrollo y de los planes de las entidades federativas, de los Municipios y, cuando proceda, de las demarcaciones territoriales de la Ciudad de México y, en su caso, incorporar las recomendaciones y propuestas que realicen.

Para garantizar el cumplimiento de las obligaciones señaladas en este apartado, la Cámara de Diputados del Congreso de la Unión, las legislaturas de las entidades federativas y los ayuntamientos, en el ámbito de sus respectivas competencias, establecerán las partidas específicas destinadas al cumplimiento de estas obligaciones en los presupuestos de egresos que aprueben, así como las formas y procedimientos para que las comunidades participen en el ejercicio y vigilancia de las mismas.

Sin perjuicio de los derechos aquí establecidos a favor de los indígenas, sus comunidades y pueblos, toda comunidad equiparable a aquéllos tendrá en lo conducente los mismos derechos tal y como lo establezca la ley.

C. Esta Constitución reconoce a los pueblos y comunidades afromexicanas, cualquiera que sea su autodenominación, como parte de la composición pluricultural de la Nación. Tendrán en lo conducente los derechos señalados en los apartados anteriores del presente artículo en los términos que establezcan las leyes, a fin de garantizar su libre determinación, autonomía, desarrollo e inclusión social.

Como se nota, el caso del pueblo indígena tiene el establecimiento de sus propios usos y costumbres, protegidos a nivel constitucional y de ahí, que el juzgador entendiendo que un indígena o su comunidad está involucrada en un litigio, deberá considerarlos para adoptar una postura en su sentencia. Así, es un derecho constitucional la libre determinación y autonomía de los indígenas, entre otras cuestiones, para aplicar sus propios sistemas normativos en la regulación y solución de sus conflictos internos, de acuerdo con sus usos y costumbres, sujetándose siempre al marco constitucional.

En este tenor, aportamos la siguiente tesis jurisprudencial:

PERSONAS INDÍGENAS. DERECHO APLICABLE CUANDO INTERVIENEN EN UN PROCESO JUDICIAL[58]. De acuerdo con el principio interpretativo pro persona, las normas de derecho consuetudinario indígena podrían resultar aplicables en casos concretos, incluso, tramitados en la jurisdicción del Estado central, cuando prevean la protección más amplia para cierto derecho, siempre y cuando, como lo establece claramente la Constitución Política de los Estados Unidos Mexicanos, no la contravengan y se respete la protección y garantía de los derechos humanos. Para que esto sea posible, es necesario documentar con un peritaje antropológico, o con cualquier otro medio lícito, la cultura de las personas, pueblos o comunidades involucrados; la forma en que se gobiernan; las normas que les rigen; las instituciones que les sustentan, los valores que suscriben, la lengua que hablan y el significado, para ellos, de las conductas y derechos materia del juicio respectivo. Por tanto, la

---

[58] Registro digital: 2018748. Instancia: Primera Sala. Décima Época. Materias(s): Constitucional. Tesis: 1a. CCXCVIII/2018 (10a.). Fuente: Gaceta del Semanario Judicial de la Federación. Libro 61, Diciembre de 2018, Tomo I, página 366. Tipo: Tesis Aislada.

autoridad judicial deberá adoptar, dentro del marco constitucional de protección, respeto y garantía de los derechos humanos, una perspectiva que fomente el diálogo entre sistemas normativos, acepte la multiculturalidad como una realidad en México y garantice el acceso a la justicia en condiciones de igualdad y autonomía de las personas, pueblos y comunidades indígenas, sin imponer arbitrariamente una visión determinada del mundo que atente contra la igualdad entre las culturas y la diversidad étnica. Ahora bien, las normas del derecho consuetudinario indígena estarán, en todo tiempo, sujetas, tal como el resto de las disposiciones que integran nuestro régimen jurídico, a examen constitucional, convencional y legal para decidir sobre su pertinencia y aplicabilidad en casos concretos, dentro del necesario diálogo intercultural para definir el significado y contenido de los derechos. La mera existencia de una norma de usos y costumbres no implica su aplicabilidad inmediata, pues es posible que el reconocimiento de ciertos usos y prácticas culturales de las personas, pueblos y comunidades indígenas afecte los derechos humanos de quienes componen la comunidad indígena o de quienes se relacionan con ella. Luego, los conflictos de normas y derechos que surgieran a propósito de la vigencia y aplicabilidad de una norma de derecho consuetudinario indígena deberán resolverse, en cada caso concreto, mediante los principios y métodos constitucional y legalmente admisibles, dentro de estándares mínimos de tolerancia, que cubran los diferentes sistemas de valores, esto para lograr el consenso mínimo necesario para la convivencia entre las distintas culturas, sin que ello implique renunciar a los presupuestos esenciales que marcan la identidad de cada una, esto es, debe adoptarse una perspectiva intercultural.

En otra materia como la relacionada a la propiedad industrial, podemos señalar que de la interpretación sistemática de los artículos 213, fracción I, 25, fracción I y 36, párrafo segundo, de la Ley de la Propiedad Industrial se obtiene que, tratándose de diseños industriales, comete actos contrarios a los buenos usos y costumbres en la industria o comercio, la persona que fabrica, usa, vende, ofrece en venta o importa el producto amparado por el registro respectivo, sin licencia de su titular. Por tanto, la importación no autorizada constituye un acto contrario a los buenos usos y costumbres en la industria o comercio. Lo anterior, porque el solo hecho de que el importador introduzca al país de esa manera el bien protegido por un registro de diseño industrial genera práctica desleal, porque el titular de éste está amparado contra las conductas que atentan contra su registro y que, precisamente, tienden a aprovecharse del diseño o modelo de creación independiente y que, en cuanto a su aspecto ornamental o estético, difiere en grado significativo a los hasta entonces conocidos o existentes[59].

Otro caso, en materia mercantil, el artículo 6 de la Ley de Instituciones de Crédito, señala:

---

[59] DISEÑO INDUSTRIAL. LA IMPORTACIÓN DE UN BIEN PROTEGIDO POR UN REGISTRO RELATIVO SIN CONSENTIMIENTO DE SU TITULAR, CONSTITUYE UN ACTO CONTRARIO A LOS BUENOS USOS Y COSTUMBRES EN LA INDUSTRIA O COMERCIO. Primer Tribunal Colegiado en Materia Administrativa del Primer Circuito. Amparo directo 289/2016. Octavio Hernández Guzmán. 7 de julio de 2016. Unanimidad de votos. Ponente: Carlos Ronzon Sevilla. Secretaria: Gabriela Guadalupe Flores de Quevedo.

Artículo 6o.- En lo no previsto por la presente Ley y por la Ley Orgánica del Banco de México, a las instituciones de banca múltiple se les aplicarán en el orden siguiente:

I. La legislación mercantil;
II. Los usos y prácticas bancarios y mercantiles, y
III. La legislación civil federal.
IV. La Ley Federal de Procedimiento Administrativo respecto de la tramitación de los recursos a que se refiere esta Ley, y;
V. El Código Fiscal de la Federación respecto de la actualización de multas

"La materia bancaria reconoce como fuentes a las leyes, su reglamentación y por último a los usos jurídicos legislativos o normativos cuya aplicación está sujeta a que la ley haga expresa referencia a ellos. Los usos legislativos responden a las características de generalidad, duración y uniformidad.

Los usos interpretativos y usos integrativos del contrato cuya eficacia surge de la práctica seguida en forma constante en la concertación de determinados negocios, obligan a las partes contratantes con independencia de su voluntad, prevalecen sobre las leyes interpretativas y deben ser alegados y probados.

Los usos bancarios son una subespecie de los usos de los negocios en general. Los principios acordes a los usos mercantiles resultan aplicables a los usos bancarios con la salvedad del aspecto subjetivista que origina a éstos últimos.

La contratación bancaria ha ido suplantando a los usos bancarios por las "condiciones generales" de los contratos bancarios concretadas asimismo en las llamadas "normas bancarias uniformes". Dichas normas responden a la necesidad de tipificar las operaciones de masa que el banco cumple a través de la predeterminación de cláusulas insertas en esquemas contractuales ya configurados".[60]"

Otra costumbre que ha venido quedando arraigada en nuestra vida cotidiana, es el de cohabitar sin estar unidos

---

[60] Bonfanti, Mario Alberto. Los Usos Bancarios. Revista Jurídica del Banco de la Nación Argentina. 1979. Número. 47. Pág. 38.

en matrimonio. En el caso del concubinato la ley obliga a probar distintos supuestos.

Al respecto, consideramos relevante la opinión del procesalista Eduardo Pallares, pues indica que la costumbre puede no requierir prueba cuando, a su vez, sea un hecho notorio y cuando conste en sentencias dictadas por el tribunal. Así, fuera de tales supuestos, la costumbre podrá ser probada mediante las pruebas pericial y testimonial[61].

En este tenor, se tiene una jurisprudencia importante al efecto:

HECHOS NOTORIOS. TIENEN ESE CARÁCTER LAS VERSIONES ELECTRÓNICAS DE LAS SENTENCIAS ALMACENADAS Y CAPTURADAS EN EL SISTEMA INTEGRAL DE SEGUIMIENTO DE EXPEDIENTES (SISE). Jurídicamente, el concepto de hecho notorio se refiere a cualquier acontecimiento de dominio público conocido por todos o casi todos los miembros de un cierto

[61] Ovalle Favela, José, *Derecho procesal civil*, novena edición, *op. cit.*, p. 137.

círculo social en el momento en que va a pronunciarse la decisión judicial, respecto del cual no hay duda ni discusión alguna y, por tanto, conforme al artículo 88 del Código Federal de Procedimientos Civiles, los hechos notorios pueden invocarse por el tribunal, aunque no hayan sido alegados ni probados por las partes. Por otro lado, de los artículos 175, 176, 177 y 191 a 196 del Acuerdo General del Pleno del Consejo de la Judicatura Federal que establece las disposiciones en materia de actividad administrativa de los órganos jurisdiccionales, publicado en el Diario Oficial de la Federación el 15 de enero de 2015, se obtiene que es obligación de los Juzgados de Distrito y de los Tribunales de Circuito, capturar la información de los expedientes de su conocimiento y utilizar el módulo de sentencias del Sistema Integral de Seguimiento de Expedientes (SISE), en el cual deben capturar las versiones electrónicas de las resoluciones emitidas por ellos, a cuya consulta tienen acceso los restantes órganos jurisdiccionales del Poder Judicial de la Federación, lo cual otorga a las versiones electrónicas de las resoluciones emitidas por los Juzgados de Distrito y por los Tribunales de Circuito el carácter de hecho notorio para el órgano jurisdiccional resolutor y, por tanto, pueden invocarse como tales, sin necesidad de glosar al expediente correspondiente la copia certificada de la diversa resolución que constituye un hecho notorio, pues en términos del artículo 88 mencionado, es innecesario probar ese tipo de hechos. Lo anterior, con independencia de que la resolución invocada como hecho notorio haya sido emitida por un órgano jurisdiccional diferente de aquel que resuelve, o que se trate o no de un órgano terminal, pues todos los Juzgados de Distrito y Tribunales de Circuito deben capturar en el módulo de sentencias del SISE, la versión electrónica de las resoluciones que emiten, las cuales pueden consultarse por cualquier otro órgano jurisdiccional, lo que genera certeza de lo resuelto en un expediente diferente[62].

En segundo lugar, nos referimos a la prueba del derecho extranjero, pues el citado artículo 284 del Código de Procedimientos Civiles para la Ciudad de México, antes de la reforma de 1988, lo contemplaba como objeto de

---

[62] Semanario Judicial de la Federación, décima época, pleno, libro 55, junio de 2018, tomo I, pág. 10, jurisprudencia (común). Consulta electrónica ius. "HECHOS NOTORIOS. TIENEN ESE CARÁCTER LAS VERSIONES ELECTRÓNICAS DE LAS SENTENCIAS ALMACENADAS Y CAPTURADAS EN EL SISTEMA INTEGRAL DE SEGUIMIENTO DE EXPEDIENTES (SISE)".

prueba. Así, debía probarse tanto su vigencia como su aplicabilidad a los hechos[63]. Al modificarse tal disposición, se adicionó el siguiente artículo:

Artículo 284- Bis.- El Tribunal aplicará el derecho extranjero tal como lo harían los jueces del Estado cuyo derecho resultare aplicable, sin perjuicio de que las partes puedan alegar la existencia y contenido del derecho extranjero invocado.

Para informarse del texto, vigencia, sentido y alcance legal del derecho extranjero, el tribunal podrá valerse de informes oficiales al respecto, pudiendo solicitarlos al Servicio Exterior mexicano, o bien ordenar o admitir las diligencias probatorias que considere necesarias o que ofrezcan las partes.

De este se desprende que quien debe informarse acerca de la vigencia y aplicabilidad del derecho extranjero es el juez. Al respecto, resulta relevante transcribir los primeros dos artículos de la Convención Interamericana

---

[63] *Idem*, pp. 136 y137.

sobre Prueba e Información acerca del Derecho Extranjero, firmada y ratificada por nuestro país:

Artículo 1.- La presente Convención tiene por objeto establecer normas sobre la cooperación internacional entre los Estados-Partes para la obtención de elementos de prueba e información acerca del derecho de cada uno de ellos.

Artículo 2.- Con arreglo a las disposiciones de esta Convención, las autoridades de cada uno de los Estados-Partes proporcionarán a las autoridades de los demás que lo solicitaren, los elementos probatorios o informes sobre el texto, vigencia, sentido y alcance legal de su derecho.

Finalizaremos el presente apartado con la transcripción de la siguiente tesis aislada:

CONVENCIÓN INTERAMERICANA SOBRE PRUEBA E INFORMACIÓN ACERCA DEL DERECHO EXTRANJERO. NO SÓLO ES POSIBLE DEMOSTRARLO A TRAVÉS DE LOS MEDIOS DE PRUEBA RECONOCIDOS POR ÉSTA, SINO TAMBIÉN POR LA LEGISLACIÓN LOCAL

RESPECTIVA (LEGISLACIÓN DEL ESTADO DE JALISCO). La citada convención tiene como propósito fundamental la cooperación internacional entre el Estado requirente (aquel que pretende conocer el derecho extranjero de otro) y el Estado requerido (aquel cuyo derecho extranjero se desconoce), para dilucidar un aspecto relacionado con el texto, alcance y sentido del derecho correspondiente. Esta cooperación, de acuerdo con el artículo 3 de la convención, puede proporcionarse por el Estado requerido a través de los "medios idóneos" previstos tanto en la ley del Estado requirente, como por la del Estado requerido. Es decir, si en un determinado asunto el Estado requirente fuese México (Jalisco) y el Estado requerido Estados Unidos de América (Texas), la información podría aportarse por cualquiera de los medios probatorios reconocidos por el Estado requirente (válidos conforme al Código de Procedimientos Civiles del Estado de Jalisco), o por los previstos en el Estado requerido (normas aplicables en el Estado de Texas). De manera enunciativa, mas no limitativa, el artículo 3 referido prevé tres tipos de medios idóneos para aportar la información: a. La prueba documental, consistente en copias certificadas de textos legales con indicación de su vigencia o precedentes judiciales; b. La prueba pericial, consistente en dictámenes de abogados o expertos en la materia; y, c. Los informes del Estado requerido sobre el texto, vigencia, sentido y alcance legal de su derecho sobre determinados aspectos. No obstante, estas modalidades de prueba no excluyen que la información pueda aportarse por otros medios, como podría ser, por ejemplo, una inspección judicial realizada por las autoridades del Estado requerido. Asimismo, la información aportada por éste en términos de la convención referida, no es la única manera en que puede acreditarse el derecho extranjero, pues la legislación encargada de establecer las exigencias para que ello ocurra, es la local (lex fori regit processum), por lo que será ésta, en última instancia, la que determinará cuáles son las pruebas aptas para demostrar el derecho extranjero. En el caso de Jalisco, por ejemplo, el artículo 289 del Código de Procedimientos Civiles del Estado, no enuncia un catálogo explícito de medios de convicción que sean más o menos idóneos que otros para demostrar el derecho extranjero, pues sólo establece que éste será materia de prueba, sin expresar de qué manera debe probarse. Es decir, dicho precepto no establece que el derecho extranjero sólo pueda probarse a través de los informes rendidos por las autoridades de los países cuyo derecho está en pugna, a través de los medios reconocidos en la convención citada, sino que deja la puerta abierta para que ello se demuestre por otros medios de convicción. Desde luego que, por lógica elemental, siempre será más idónea la información aportada por las autoridades del Estado extranjero cuyo derecho se pretende conocer, pero ello no excluye la posibilidad de que éste se demuestre a partir de los datos aportados por las propias autoridades del Estado del lugar del órgano jurisdiccional, cuando son conocedoras o especialistas en el derecho extranjero que se intenta conocer, incluso, la demostración del derecho extranjero podría provenir de juristas que acrediten tener conocimientos sobre el derecho extranjero que se pretende dilucidar, en cuyo caso, quedará al prudente arbitrio judicial, decidir si con la información aportada se probó o no el derecho extranjero[64].

---

64 Semanario Judicial de la Federación, décima época, tribunales colegiados de circuito, libro 43, junio de 2017, tomo IV, pág. 2888, tesis aislada (civil). Consulta electrónica ius. "CONVENCIÓN INTERAMERICANA SOBRE PRUEBA E INFORMACIÓN ACERCA DEL DERECHO EXTRANJERO. NO SÓLO ES POSIBLE DEMOSTRARLO A TRAVÉS DE LOS MEDIOS DE PRUEBA RECONOCIDOS POR ÉSTA, SINO TAMBIÉN POR LA

7. *Carga de la Prueba*

Principiaremos por decir que la *carga de la prueba* surgió en el Derecho Romano, estableciéndose tres principios al respecto:

a) *Actore Non Probate, Reus Absolviotur* (Actor no prueba, el reo debe ser absuelto).

b) *Probatio Imcumbit Qui Dicit, Non Qui Negat* (La prueba incumbe al que afirma, no al que niega).

c) *Negatio Non Sunt Proband* (La negación no se prueba).

Según el maestro Eduardo J. Couture, en un sentido estrictamente procesal, la carga de la prueba es una conducta impuesta a uno o a ambos litigantes para que acrediten la verdad de los hechos enunciados por ellos. Así, la ley distribuye, por anticipado, entre una y otra parte, la fatiga probatoria. La carga de la prueba supone un imperativo de propio interés; puesto que quien no

---

LEGISLACIÓN LOCAL RESPECTIVA (LEGISLACIÓN DEL ESTADO DE JALISCO)".

prueba los hechos que le corresponde probar, pierde el litigio[65].

De Pina, por su parte, opina que la carga de la prueba constituye un gravamen que recae sobre los contendientes de facilitar el material probatorio necesario para formar la convicción del juzgador sobre los hechos alegados.Por ello, no es una obligación jurídica de probar, sino, más bien, un interés y facultad de probar para las partes[66].

Es por lo anterior, que Rosenberg opina que las normas relativas a la carga de la prueba prescriben al juzgador, categórica y claramente, el contenido de su eventual decisión, pues imputan a uno de los litigantes la incertidumbre de una determinada circunstancia de hecho[67].

De tales ideas, desprendemos tres aspectos relevantes en relación a la carga de la prueba:

---

[65] Couture, Eduardo J, *op. cit., pp.* 241 y 242.

[66] De Pina Rafael, Castillo Larrañaga Jose Castillo, *op. cit., p.* 299.

[67] Rosenberg, Leo. *La carga de la* prueba, Ediciones Jurídicas Europa-América, Buenos Aires, 1956, p. 58.

i) Es un requerimiento que hace el juez a las partes.

ii) Resulta facultativo para la parte el ofrecer pruebas para el acreditamiento del hecho que afirmó, lo que implica que no es una obligación.

iii) La omisión de ofrecer prueba, trae aparejada una consecuencia gravosa a la parte, que es la preclusión del Derecho (la excepción la veremos más adelante en las llamadas "pruebas para mejor proveer").

En resumen, a lo que atiende el concepto de 'carga de la prueba' es a quién le corresponde probar sus afirmaciones en el proceso. Así, nuestro derecho procesal contempla disposiciones que dan respuesta a tal cuestión.

En nuestra legislación, se establece el concepto de 'Carga de la Prueba' en los artículos 281 del Código de Procedimientos Civiles para la Ciudad de México y 1194 del Código de Comercio (este último cuenta con una redacción más amplia):

El código adjetivo civil señala;

Artículo 281.- Las partes asumirán la carga de la prueba de los hechos constitutivos de sus pretensiones.

Con una deficiente técnica procesal, el precepto transcrito refiere a 'hechos constitutivos', siendo que, conforme a las ideas de Alcalá-Zamora: *"si el actor tiene la carga de probar los hechos constitutivos de su pretensión, corresponde al demandado probar los hechos extintivos, impeditivos o modificativos que a ella oponga, pero no los 'constitutivos de su pretensión', expresión que resulta inadecuada"*[68].

Es decir, el demandado debe demostrar las afirmaciones dadas en el apartado de las excepciones contenidas en su escrito de contestación de demanda. Aclaramos que esto, aun cuando es deficiente, es aplicado de manera puntual en el tribunal.

Por su parte, el artículo 1194 del Código de Comercio establece correctamente la 'carga de la prueba' a ambas partes al señalar que el que afirma está obligado a probar

---

[68] Ovalle Favela, José, *Derecho procesal civil*, novena edición, *op. cit.*, p. 130.

y, por tanto, "el actor deberá probar su acción y, el demandado, sus excepciones."

Por regla general, entonces, corresponde al *actor* acreditar los hechos afirmados, constitutivos de su pretensión y al *demandado* los hechos afirmados, extintivos de la acción, a través de las excepciones. Podemos afirmar, entonces, que el principio fundamental en el derecho probatorio es que el que afirma está obligado a probar o, dicho en otras palabras, el que afirma recibe la carga de la prueba[69]. Por ello, se debe cuidar mucho la redacción de la demanda o de la contestación (aplicable a reconvención y contestación), ya que dependerá de ello, la asunción demostrastrativa en juicio.

Consecuencia de lo dicho es que quien niega no debe probar, ello siguiendo la regla del derecho romano *ei incumbit probatio, qui, dicit, non qui negat* (le corresponde probar a quien afirma, no al que niega)[70]. Sin embargo, ello encuentra excepciones en nuestro derecho positivo. Estas se encuentran en el artículo 282 del Código de

---

[69] Mateos Alarcón, Manuel, *op. cit.*, pp. 2 y 3.

[70] *Idem*, p. 5.

Procedimientos Civiles para la Ciudad de México, que a la letra señala:

Artículo 282.- El que niega sólo será obligado a probar:

I. Cuando la negación envuelva la afirmación expresa de un hecho;
II. Cuando se desconozca la presunción legal que tenga en su favor el colitigante;
III. Cuando se desconozca la capacidad;
IV. Cuando la negativa fuere elemento constitutivo de la acción.

Como se lee, en realidad las negaciones se convierten en afirmaciones (y por ende deben demostrarse). A continuación, ejemplificaremos cada una de las fracciones contenidas en la referida disposición:

En primer lugar, nos referimos al caso en que la negación envuelva una afirmación expresa de un hecho. Así, la regla de que quien niega no debe probar, únicamente tiene aplicación cuando el que niega se limita, llanamente, a negar un hecho, pues, en estos casos, su negativa no implica la afirmación de un hecho contrario. Por ejemplo, si Antonio demanda a Juan el pago de cien pesos que le prestó y este niega haber celebrado el acto jurídico respectivo, no contrae la obligación de producir prueba alguna, ya que su negativa no implica la afirmación de un hecho[71].

En cambio, cuando la negativa efectivamente envuelve la afirmación de un hecho, si deberá probarse. Por ejemplo, en el caso que se señala, Juan al contestar la demanda señala que no debe el dinero (negativa), 'porque ya lo pagó' (afirmación). O bien, que Juan no firmó el documento (negativa), porque se encontraba en otro lugar el día y hora señalados en el documento basal (afirmación). Para ilustrar este supuesto de negativa que envuelve una afirmación expresa de un hecho, nos apoyaremos en la siguiente tesis aislada:

ACCIÓN CAMBIARIA DIRECTA, EXCEPCIÓN DE PAGO. CUANDO EL ACTOR OBJETA LOS ABONOS Y ÚNICAMENTE NIEGA QUE TENGAN VINCULACIÓN CON EL DOCUMENTO FUNDATORIO DE LA ACCIÓN, SIN MANIFESTAR

---

[71] *Idem,* p. 6.

EXPRESAMENTE QUE ESTÉN RELACIONADOS CON UNA OBLIGACIÓN DIVERSA, CORRESPONDE A ÉSTE LA CARGA DE LA PRUEBA DE QUE TIENEN RELACIÓN CON OTRO NEGOCIO. Cuando se opone la excepción de pago y se sustenta en comprobantes de transferencias o depósitos bancarios a favor del beneficiario del título de crédito y éste los objeta negando que los pagos tengan vinculación con el documento base de la acción, pero sin expresar que estén relacionados con una obligación diversa, sí se actualiza la hipótesis normativa del artículo 1195 del Código de Comercio, relativa a que el que niega no está obligado a probar, "sino en el caso en que su negación envuelva afirmación expresa de un hecho"; ello, porque con la simple negación del mencionado vínculo, implícita y necesariamente se reconoce, como motivo de ello, que ese pago corresponde a un adeudo diverso y, por ende, corresponde al actor la carga de la prueba del negocio con que se vinculen. Así, dada la falta de manifestación del actor de que hubiera una relación diversa con el demandado, tendría que considerarse que no existe algún adeudo distinto y, por tanto, habría de concluirse que entre ellos sólo existe la obligación exigida en el juicio, y precisamente por ser una y sólo una la relación habida entre las partes, carecería de objeto exigirle al deudor prueba de la vinculación entre los pagos efectuados y las obligaciones derivadas del título de crédito que motivaron el juicio seguido en su contra. En esas condiciones, si de cualquier manera el pago de que se trata tiene que considerarse existente, porque no se puso en duda su autenticidad, su aplicación a la deuda consignada en el documento fundatorio de la acción deviene necesaria, sin mayor prueba al respecto[72].

De la tesis transcrita se deriva que, si después de que el actor demanda el pago de una cantidad determinada, el demandado exhibe comprobantes de pago y el primero los objeta, alegando que el pago de dichas cantidades no corresponde a la obligación objeto del juicio, se encuentra, en realidad, afirmando que estas corresponden a un

---

72 Semanario Judicial de la Federación, décima época, tribunales colegiados de circuito, libro XX, mayo de 2013, tomo 3, pág. 1692, tesis aislada (civil). Consulta electrónica ius. "ACCIÓN CAMBIARIA DIRECTA, EXCEPCIÓN DE PAGO. CUANDO EL ACTOR OBJETA LOS ABONOS Y ÚNICAMENTE NIEGA QUE TENGAN VINCULACIÓN CON EL DOCUMENTO FUNDATORIO DE LA ACCIÓN, SIN MANIFESTAR EXPRESAMENTE QUE ESTÉN RELACIONADOS CON UNA OBLIGACIÓN DIVERSA, CORRESPONDE A ÉSTE LA CARGA DE LA PRUEBA DE QUE TIENEN RELACIÓN CON OTRO NEGOCIO".

adeudo diverso. Ello, constituye una afirmación que deberá probarse.

Con respecto al desconocimiento de una presunción legal a favor del colitigante, nos basaremos en el artículo 802 del Código Civil para la Ciudad de México, mismo que hace presumir que el poseedor de un inmueble es poseedor, a su vez, de los muebles que se encuentren dentro de él. Por su parte, el artículo 798 del mismo cuerpo normativo establece que quien tiene la posesión de un bien, tiene la presunción de ser propietario del mismo.

Así, lo que habría que desvirtuar es la aplicación de tal presunción en el caso concreto. Es decir, se debe probar que, si bien el demandado posee el inmueble, los muebles 'Luis XV' o el piano o lo que sea mueble que se encuentra en el inmueble, no es de su propiedad.

Como puede advertirse, tal fracción refiere a las presunciones legales que admiten prueba en contrario, esto es, que son susceptibles de desvirtuarse[73].

---

[73] También llamadas presunciones *iuris tantum*.

Por lo que hace al desconocimiento de la capacidad, si una persona afirma que quien firmó la demanda u otorgó un testamento no es capaz (por minoría de edad o incapacidad declarada (interdicción), tendrá que acreditar la incapacidad del otorgante.

En último término, refiriéndonos al caso en que la negativa fuere un elemento constitutivo de la acción, encontramos el siguiente ejemplo: si una persona demanda la reivindicación de una casa, deberá demostrar *que no es poseedor del inmueble*, ya que la no posesión es elemento de procedibilidad de la acción [74].

Correlativamente, el Código de Comercio establece en sus artículos 1195 y 1196 que el que niega no está obligado a probar, sino en el caso en que su negación envuelva afirmación expresa de un hecho, o bien, cuando al hacerlo

---

[74]Artículo 4 del Código de Procedimientos Civiles para la Ciudad de México.- La reivindicación compete a quien no está en posesión de la cosa, de la cual tiene la propiedad, y su efecto será declarar que el actor tiene dominio sobre ella y se la entregue el demandado con sus frutos y accesiones en los términos prescritos por el Código Civil.

desconoce la presunción legal que tiene a su favor el colitigante, con los ejemplos que hemos aportado.

Para concluir con el tema de la carga de la prueba, nos resulta interesante la siguiente jurisprudencia:

CARGA DE LA PRUEBA Y DERECHO A PROBAR. SUS DIFERENCIAS. No debe confundirse la oportunidad de ofrecer y desahogar pruebas, atinente a la defesan, con la carga probatoria, si se tiene en cuenta que la primera constituye un derecho – a probar- y la segunda es un deber procesal; asimismo, el derecho a probar es de naturaleza constitucional, en tanto el débito procesal es de naturaleza procesal e, incluso, es posterior al derehco fundamental de mérito, o sea, el derecho de probar es anterior y de entidad superior a la obligación procesal, siendo que derecho y obligación no son sinónimos dado que uno se ejerce en el procedimiento, tanto postulatorio como probatorio, mientras que la otra es objeto de examen por el juzgador hasta la sentencia o laudo; sin que deba validarse una decisión jurisdiccional de denegación de pruebas cuando suponga la imposición de un formulismo obstaculizador, o contrario a la efectividad del derecho a la prueba,ni subordinar la eficacia de ese derecho fundamental a otro tipo de intereses como los de economía procesal, expeditez de los juicios, o el prejuzgamiento de la carga probatoria, cuando su desisión no es propia de la resolución que acepta pruebas sino de la sentencia o laudo, lo que significa que es ilegal anticipar la carga de ña prueba a una de las partes al momento de decidir sobre su admisión o no, ni invocar algún otro formalismo que impida conocer el resultado de una prueba en detrimento del derecho a probar, que es uno de los que conforman el derecho humano al debido proceso; luego, si el derecho a probar es un derehco constitucional que atribuye a la persona el poder tanto del ejercerlo, como de raclamar su debida protección, entonces su constitucionalización obedece a la relevancia procesal que adquiere la actividad probatoria, en la medida en que determina a las partes, cuándo y cómo pueden probar los hechos del debate jurisdiccional, vinculado a todo juzgador a su observancia. Lo anterior, porque en la interpretación de las normas probatorias también es procedente la que permita la máxima actividad probatoria de las partres, prefiriendo, inclusive, el exceso en la asmisión de las pruebas, a la de una interpretación restreictiva, porque cuando en aquélla subyace la idea de aproximar, y hata de hacer coincidir la verdad histórica con la verdad que habrá de declararse en la sentencia, partiendo de la base de que la verdad es un derecho humano cuya restricción necesariamente debe justificarse y por ende, la norma probatoria ha de interpretarse conforme al artículo 14 de la Constitución Política de los Estados Unidos Mexicanos, en lo concerniente al derecho humano al debido proceso[75].

8. ¿Cómo se prueba?

En nuestro derecho se prueba a través de los medios de prueba. Así, las pruebas deben rendirse a través de medios que deberán cumplir ciertos requisitos, que estudiaremos en este apartado.

El artículo 278 Código de Procedimientos Civiles para la Ciudad de México señala:

---

75 Semanario Judicial de la Federación, décima época, tribunales colegiados de circuito, libro 40, marzo de 2017, tomo IV, pág. 2368, jurisprudencia (constitucional, común). Consulta electrónica ius. "CARGA DE LA PRUEBA Y DERECHO A PROBAR. SUS DIFERENCIAS".

Artículo 278.- Para conocer la verdad sobre los puntos controvertidos puede el juzgador valerse de cualquier persona, sea parte o tercero, y de cualquier cosa o documento, ya sea que pertenezca a las partes o a un tercero; sin más limitación que la de que las pruebas no estén prohibidas por la ley, ni sean contrarias a la moral.

De la disposición citada se desprende que el juez, para conocer la verdad, se ha de valer de los siguientes elementos:

a) Elementos subjetivos: Las partes, testigos, peritos, traductores, intérpretes, etc.

b) Elementos objetivos: Documentos (públicos o privados), fotografías, videos, información en vía electrónica, mensajes de datos, etc.

Asimismo, se desprenden dos limitantes con respecto a los medios de prueba que pueden ser empleados. Por un lado, encontramos que estos no deberán encontrarse prohibidos por la ley y, por el otro lado, que no deberán ser contrarios a la moral.

En palabras de Becerra Bautista, ello implica que puede haber pruebas legales pero inmorales. La moralidad, en estos casos, deberá ser estimada en el caso concreto por parte del juzgador. En este tenor el referido autor comenta: "*No puede darse un criterio abstracto de moralidad o inmoralidad, porque la necesidad de una prueba, su desarrollo, la intención y el comportamiento de las partes, serán las circunstancias que permitan al juez calificar esos extremos; lo que en un caso puede ser inmoral, en otro puede ser un elemento básico de una acción*"[76].

En materia mercantil, el Código de Comercio señala:

Artículo 1205.- Son admisibles como medios de prueba todos aquellos elementos que puedan producir convicción en el ánimo del juzgador acerca de los hechos controvertidos o dudosos y en consecuencia serán tomadas como pruebas las declaraciones de las partes, terceros, peritos, documentos públicos o privados, inspección judicial, fotografías, facsímiles, cintas cinematográficas, de videos, de sonido, mensajes de

---

[76] Becerra Bautista, José. *El Proceso Civil en México, op. cit.*, duodecima edición, p. 98.

datos, reconstrucciones de hechos y en general cualquier otra similar u objeto que sirva para averiguar la verdad.

En el Código de Procedimientos Civiles para el Distrito Federal[77], son:

1. Confesión.
2. Declaración de parte.
3. Documentos Públicos.
4. Documentos Privados.
5. Dictámenes Periciales.
6. Reconocimiento o Inspección Judicial.
7. Declaraciones de testigos.
8. Fotografías, copias fotostáticas, registros dactiloscópicos y en general todos aquellos elementos aportados por los descubrimientos de la ciencia.
9. Presunciones.

---

[77] Artículo 289.- Son admisibles como medios de prueba aquellos elementos que puedan producir convicción en el ánimo del juzgador acerca de los hechos controvertidos o dudosos.

Por su parte el Código de Comercio[78], adiciona a la anterior lista los siguientes medios de prueba:

1. Facsímiles.
2. Cintas de videos y sonido.
3. Cintas Cinematográficas.
4. Reconstrucción de hechos.
5. Mensajes de Datos.

Es importante resaltar que la inclusión como medio de prueba de los mensajes de datos en el año 2000, constituyó un gran adelanto en materia probatoria, ya que dicho término engloba diversas herramientas tecnológicas comunes en nuestros días[79]. Por otro lado, la prueba

---

[78] Artículo 1205.- Son admisibles como medios de prueba todos aquellos elementos que puedan producir convicción en el ánimo del juzgador acerca de los hechos controvertidos o dudosos y en consecuencia serán tomadas como pruebas las declaraciones de las partes, terceros, peritos, documentos públicos o privados, inspección judicial, fotografías, facsímiles, cintas cinematográficas, de videos, de sonido, mensajes de datos, reconstrucciones de hechos y en general cualquier otra similar u objeto que sirva para averiguar la verdad.

[79] Al efecto, el artículo 89 del Código de Comercio define al 'Mensaje de Datos' como la información generada, enviada, recibida o

consistente en la *reconstrucción de hechos* a que se refiere la norma mercantil, resulta una prueba de difícil desahogo en virtud de que el Código no hace referencia alguna a la forma en que debe hacerse (nos parece más una prueba que se desahoga de manera común en materia penal); sin embargo, esto no limita que en algun momento algun litigante lo proponga.

9. *Período probatorio*

En el presente apartado, expondremos el procedimiento que debe seguirse para el debido desahogo de cada uno de los medios probatorios. Para tal efecto, direcmos que el procedimiento probatorio queda dividido en dos campos, el primero relativo al conjunto de reglas comunes a todas las pruebas; el segundo, de carácter especial, con respecto al mecanismo de cada medio de prueba en particular[80].

---

archivada por medios electrónicos, ópticos o cualquier otra tecnología.

[80] Couture, Eduardo J. *Fundamentos de derecho procesal civil, op. cit.*,1942, p. 126.

Los actos o instantes que en el desarrollo del proceso se refieren al procedimiento probatorio, son (i) el ofrecimiento de las pruebas por parte de los litigantes, (ii) la admisión o desechamiento de las mismas por parte del juzgador, (iii) la preparación de las probanzas que han sido admitidas; y (iv) el desahogo de las pruebas. Así, decimos que el Período Probatorio tiene cuatro momentos, a saber:

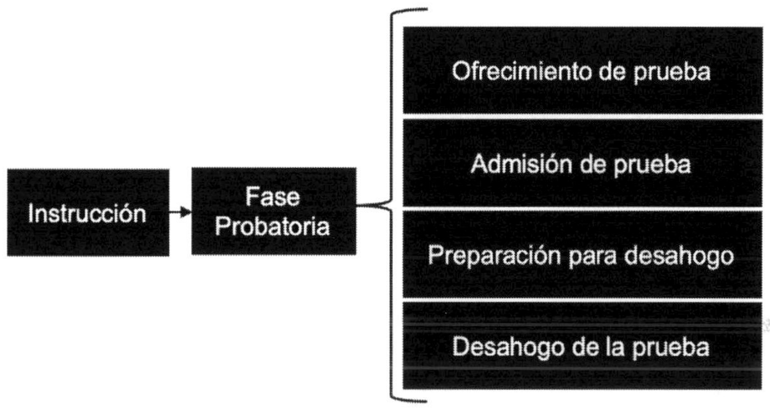

Estudiaremos cada uno de estos momentos procesales de manera general, pues cabe desde ahora aclarar que, al existir reglas específicas al respecto, en función del tipo de juicio de que se trate, deberemos ocuparnos de ellas más adelante.

A. Ofrecimiento de Pruebas

Al concederse a las partes un plazo para ofrecer probanzas, se apertura la fase probatoria del juicio. Las partes deberán ofrecer sus respecitvas pruebas en cumplimento de los requisitos señalados por la ley. En este sentido, el Código de Procedimientos Civiles para la Ciudad de México[81] señala:

Artículo 291.- Las pruebas deben ofrecerse expresando con toda claridad cual es el hecho o hechos que se tratar con las mismas así como las razones por lo que el ofrerente estima que demostrarán sus afirmaciones, declarando en su caso en los terminos anteriores el nombre, domicilio de testigos y peritos y pidiendo la citación de la contraparte para absolver posiciones; si al

---

[81] El Código de Comercio establece lo siguiente: Artículo 1198.- Las pruebas deben ofrecerse expresando claramente el hecho o hechos que se trata de demostrar con las mismas, así como las razones por los que el oferente considera que demostrarán sus afirmaciones; si a juicio del tribunal las pruebas ofrecidas no cumplen con las condiciones apuntadas, serán desechadas, observándose lo dispuesto en el artículo 1203 de este ordenamiento. En ningún caso se admitirán pruebas contrarias a la moral o al derecho.

juicio del tribunal las pruebas ofrecidas no cumplen con las condiciones apuntadas, serán desechadas, observandose lo dispuesto en le artículo 298 de este ordenamiento.

De lo anterior se colige que existen dos requisitos comunes a toda clase de pruebas para su ofrecimiento válido, esto es, que deberá identificarse plenamente y con claridad cuál es el objeto del medio de prueba -el hecho o hechos que se trata de demostrar con tal probanza- y, además, se tendrán que aducir las razones por las que el oferente considera que con el medio de prueba en cuestión quedarán demostradas sus afirmaciones.

a) Plazo para ofrecer pruebas

Comenzaremos por definir que el 'término'[82] judicial es el espacio de tiempo que se concede para la ejecución de un

---

[82] Aclaramos aquí que es común confundir en la jerga procesal, los términos denominados "plazo" y "término". Siendo que el primero es, como se ha señalado, el espacio de tiempo que se concede a una de las partes o a ambas, para la ejecución de una actividad dentro del procedimiento. Los plazos los fijan las leyes procesales. Los términos, son los días y horas específicos en donde se ha de realizar una actividad procesal, como por ejemplo, la audiencia de desahogo de

hecho o el cumplimiento de un mandato judicial. Así, se llama 'término' (plazo) probatorio, al espacio de tiempo que se concede a las partes para que rindan las pruebas que acrediten sus respectivos derechos[83].

El Código de Procedimientos Civiles para la Ciudad de México señala:

Artículo 290.- El mismo día en que se haya celebrado la audiencia previa, de conciliación y de excepciones procesales, si en la misma no se terminó el juicio por convenio o a más tardar al día siguiente de dicha audiencia, el Juez abrirá el juicio al periodo de ofrecimiento de pruebas, que es de diez días comunes, que empezarán a contarse desde el día siguiente a aquél en que surta efectos la notificación a todas las partes del auto que manda abrir el juicio a prueba.

Por su parte, el numeral 1199 del Código mercantil señala:

---

pruebas. Los términos los fijas nos lueces en cada uno de los expedientes judiciales que se ventilan frente a él.

[83] Mateos Alarcón, Manuel, *op. cit.*, pp. 44 y 45.

Artículo 1199.- El juez recibirá el pleito a prueba en el caso de que los litigantes lo hayan solicitado[84], o de que él la estime necesaria.

Ello sin perjuicio de las reglas específicas que existen dependiendo del tipo de juicio del que se trate. Advertimos aquí que existen algunos procedimientos especiales donde las partes deben aportar pruebas con sus escritos de demanda y contestación a la misma, como en el caso del procedimiento de arrendamiento inmobiliario, el hipotecario, el relativo al ejecutivo mercantil, etc.

b) Plazo extraordinario

Tanto en el Código de Procedimientos Civiles para la Ciudad de México, como en el Código de Comercio, se encuentra regulado un plazo extraordinario para el caso que las pruebas hayan de desahogarse fuera de la entidad federativa en que se lleve el juicio.

---

[84] El Proceso Dispositivo, como es el mercantil, impide al juzgador ser protagonista del avance procesal, debiendo las partes solicitar el avance.

Al efecto, el código adjetivo de la Ciudad de México establece que cuando las pruebas tengan que desahogarse fuera de la Ciudad de México (vía exhorto) o del país (vía Carta Rogatoria), se recibirán a petición de parte, dentro del término de sesenta y noventa días naturales. Para ello, debe solicitarse dentro del período de ofrecimiento de pruebas se conceda al oferente un plazo extraordinario, indicándose los nombres, apellidos y domicilios de los testigos en caso de prueba testimonial y, en caso de prueba instrumental, debe indicarse los archivos donde se hallan los documentos o bien, presentarse originales.

Cuando el juzgador califique la admisibilidad de las pruebas a ser desahogada en plazo extraordinario, determinará el monto de la cantidad que el promovente deposite como multa, en caso de no rendirse la prueba. Sin tal depósito no se hará el señalamiento para la recepción de la prueba.

Cuando se conceda la ampliación en comento, se le entregarán al interesado los exhortos o Carta Rogatoria que correspondan, para su debida diligenciación. Si la parte interesada no prepara y desahoga las pruebas respectivas, sin justificar un impedimento bastante, se le impondrá sanción pecuniaria, así como una indemnización por daños y perjuicios a favor de la contraria. Además, se dejará de recibir la prueba por 'falta de interés jurídico'.

Por otro lado, el Código de Comercio indica, en su artículo 1206, que el término probatorio será ordinario cuando se conceda para producir probanzas dentro de la entidad federativa en que el litigio se siga; mientras que será extraordinario cuando se otorgue para que se reciban las pruebas fuera de la misma.

El término ordinario se rige por el artículo 1199 que dispone que el juzgador recibirá el pleito a prueba en caso que las partes lo soliciten o que este lo estime necesario. Conforme al artículo 1207, este término puede prorrogarse si así se solicita dentro del plazo de ofrecimiento de pruebas y la contraria manifieste su conformidad, o bien, se abstenga de oponerse dentro del plazo de tres días.

La prórroga del plazo solo se podrá hacer en los juicios ordinarios hasta por veinte días y, en los juicios ejecutivos o especiales, hasta por diez días. Asimismo, el cuerpo mercantil establece que del término extraordinario no cabrá prórroga.

B. Admisión o desechamiento de las probanzas

Una vez que las partes han ofrecido sus pruebas y que ha concluido el periodo de ofrecimiento, el juez emitirá un auto en que se pronunciará sobre la admisión o desechamiento, en su caso, de las pruebas ofrecidas.

El primer párrafo del artículo 298 del Código de Procedimietos Civiles[85] para la Ciudad de México establece:

---

[85] En materia mercantil, es aplicable la disposición siguiente: Artículo 1203.- Al día siguiente en que termine el período del ofrecimiento de pruebas, el juez dictará resolución en la que determinará las pruebas que se admitan sobre cada hecho, pudiendo limitar el número de testigos prudencialmente. En ningún caso se admitirán pruebas contra del derecho o la moral; que se hayan ofrecido extemporáneamente, sobre hechos no controvertidos o ajenos a la litis; sobre hechos imposibles o notoriamente inverosímiles, o bien que no reúnan los requisitos establecidos en el artículo 1198 de este Código. Contra el auto que admita alguna prueba que contravenga las prohibiciones señaladas anteriormente o que no reúna los requisitos del artículo 1198, procede la apelación en efecto devolutivo de tramitación conjunta con la sentencia definitiva, cuando sea apelable la sentencia en lo principal. En el mismo efecto devolutivo y

Artículo 298.- Al día siguiente en que termine el período del ofrecimiento de pruebas, el juez dictará resolución en la que determinará las pruebas que se admitan sobre cada hecho, pudiendo limitar el número de testigos prudencialmente. En ningún caso el juez admitirá pruebas o diligencias ofrecidas extemporáneamente, que sean contrarias al derecho o la moral, sobre hechos que no hayan sido controvertidos por las partes, o hechos imposibles o notoriamente inverosímiles, o bien que no reúnan los requisitos establecidos en el artículo 291 de este Código.

En relación con lo anterior, el Doctor Ovalle Favela comenta: *"En la práctica procesal, el juez no dicta el auto de admisión de pruebas en el tiempo señalado por el artículo citado. Primero, en respuesta a los escritos de ofrecimiento de las pruebas de cada parte, el juez dicta resoluciones en las que sólo "tiene por ofrecidas" las pruebas. Posteriormente, a petición de alguna de las partes o de ambas, el juez resuelve sobre la*

---

de tramitación conjunta con dicha sentencia, será apelable la determinación en que se deseche cualquier prueba que ofrezcan las partes o terceros llamados a juicio, a los que siempre se les considerará como partes en el mismo.

admisión de las pruebas ofrecidas y señala el día y la hora para la celebración de la audiencia de pruebas y alegatos"[86].

En esta etapa, el juzgador debe considerar la pertinencia de las pruebas, es decir, su relación con el objeto de la prueba y su idoneidad, esto es, su aptitud para probar los hechos que se pretende[87].

C. Preparación

Como veremos, el juez citará a las partes a efecto de que sean desahogados los medios de prueba por él admitidos. Una vez que las partes tienen conocimiento de la fecha en que se realizará tal desahogo, deberán 'preparar' las probanzas que, por su naturaleza así lo requieran, a efecto de recibir la información que proviene del medio de prueba.

Más adelante explicaremos la manera de preparar cada uno de los tipos de prueba al hacer estudio de cada una de ellas; por lo que, ahora, nos limitaremos a transcribir la

---

[86] Ovalle Favela, José, *Derecho procesal civil*, novena edición, *op. cit.*, p. 140.
[87] *Ibidem.*

disposición genérica a todos ellos en el Código de Procedimientos Civiles para la Ciudad de México:

Artículo 385.- Antes de la celebración de la audiencia, las pruebas deberán prepararse con toda oportunidad para que en ella puedan recibirse.

D. Desahogo

Como hemos apuntado, la recepción de las pruebas se lleva a cabo en un audiencia. Con respecto a este punto, haremos un resumen de lo que el Código de Procedimientos Civiles para la Ciudad de México señala en sus artículos 299, 387 y 397.

Conviene aquí, de manera previa, señalar que 'desahogar' una prueba, es el recibir la información que proviene de ese medio de prueba. Así, podemos adelantar de manera general lo siguiente:

a) En la prueba confesional, la prueba se *desahoga* cuando la parte declara ante el juzgado en la audiencia;

b) En la prueba testimonial, la prueba se *desahoga* cuando el testigo comienza a contestar las preguntas que le formulan las partes respecto de los hechos que conoce y sabe;

c) En el caso de las documentales, se dice que se *desahogan* por su propia y especial naturaleza. Lo que quiere decir que el juez, al leer el documento, recibe la información contenida en él (por ejemplo, de un cata de matrimonio, recibirá de manera directa con la lectura, el conocimiento de quienes son nlos contrayentes, testigos, tégimen matrimonial, etc. En el caso de un contrato, el juez, el leer, recibe la información y conocerá quienes son las partes, que tipo de contrato es, su fecha, sus condiciones, derechos y obligaciones de las partes, etc.).

d) En el caso de los peritos, además de los dictámenes escritos que entreguen, la prueba se puede adicionalmente desahogar con el interrogatorio que se le haga a los peritos y las contestaciones que den a tales preguntas.

e) En el caso de inspección judicial, se desahogará a través de los sentidos del funcionario judicial que ocurra para que a través de cualquiera de los cinco sentidos, perciba la información materia del litigio.

Así, el código procedimental para Ciudad de México establece que la recepción de las pruebas se hará en una audiencia a la que se citará a las partes en el auto de admisión de pruebas. Para dicha audiencia deberá citarse dentro de los treinta días siguientes a la referida admisión.

La audiencia se celebrará con las pruebas que se encuentren preparadas[88], pero podrá designarse nuevo día y hora para recibir las que queden. En tal caso, se señalará en el acta respectiva, la fecha para la continuación de la audiencia, la cual deberá celebrarse dentro de los veinte días siguientes y no podrá diferirse por ninguna circunstancia. La excepción a ello la constituyen el caso fortuito o fuerza mayor[89] y las

---

[88] El artículo 388 indica que las pruebas ya preparadas se recibirán, dejando pendientes para la continuación de la audiencia las que no lo hubieren sido preparadas, siempre y cuando la preparación no hubiere corrido a cargo del oferente, ya que en este caso, se declarará desierta la prueba no preparada 'por falta de interés jurídico'.

[89] Por ejemplo, por terremoto o lo que se sufrió desde el año 2020 referente a la pandemia Covid.

disposiciones del mismo código que permitan tal diferimiento[90].

Al celebrarse la audiencia, pueden suceder dos casos:

a) Si la audiencia es ante juzgado de proceso escrito, entonces será el Secretario de Acuerdos quién presidirá la audiencia y llamará a las partes, peritos, testigos y demás personas que deban de intervenir en el juicio y se determinará quiénes deben de permanecer en el área destinada para ello, o bien, en la Sala de Audiencia y quiénes en lugar separado (porque no deben escuchar lo que se va produciendo como información, antes de rendir su declaración. Esto es muy común en el caso de los testigos). Aunque no concurran los litigantes, la audiencia se celebrará; lo mismo aplica si no se encuentran presentes los testigos, peritos y abogados que, en principio, debieran estar en la audiencia.

---

[90] En caso de que la continuación de la audiencia se difiera por caso fortuito o fuerza mayor o bien por así disponerlo este Código, en el acta en que se señale tal diferimiento se indicará la fecha para su continuación, que deberá ser dentro de los diez días siguientes.

b) En caso que la audiencia sea en procedimiento oral, el juez presidirá la audiencia y por tanto, el desahogo de las probanzas, siendo aplicable a este caso, lo referido en el inciso anterior.

De la audiencia se levantará acta (o dejará registro en video en los juicios de naturaleza oral), en la que constará el día, lugar y hora, la autoridad judicial ante quien se celebró, los nombres de las partes y abogados, peritos, testigos, intérpretes, el nombre de las partes que no concurrieron, las decisiones sobre legitimación procesal, competencia, cosa juzgada e incidentes, declaraciones de las partes y de los testigos, extracto de las conclusiones de los peritos, el resultado de la inspección judicial y los documentos ofrecidos si no constan ya en el auto admisorio[91].

En caso que se levante acta (en procedimiento escrito), será firmada al margen de la parte correspondiente por los peritos y testigos.

---

[91] Asimismo, contendrá las conclusiones de las partes en el debate oral, a no ser que por escrito las hubieren presentado los litigantes y los puntos resolutivos del fallo.

10. Tipo de Pruebas

Analicemos en particular cada una de las pruebas. Iniciemos con la antes llamada "Prueba Reina" o "Reina de las Pruebas": La *prueba confesional.*

A. Prueba confesional[92]

Confesión: es la declaración que hace una parte de la verdad de los hechos afirmados por la contraria y que perjudican al que confiesa [93].

Eduardo Pallares indica que *"se entiende por confesión la admisión tácita o expresa que una de las partes hace de hechos propios, de los controvertidos, reconociendo que son verdaderos y en perjuicio propio. Notas esenciales de la confesión: a) Debe ser hecha por una de las partes y no por un tercero; b) Ha de ser de hechos propios del confesante y de los controvertidos en el*

---

[92] Todavía es válida aquella máxima: *nulla est major probatio quam proprii oris confesio,indeoque dicitur plenissima probatio et superat omne genus probationis,* es decir, "ninguna prueba es mayor que la confesión de boca, propia, por lo cual se denomina prueba plenísima que supera a cualquier otro género de probanza". Becera Bautista Jose, *El Proceso Civil en México,* Editorial Porrúa, México, 1980, p.104.

[93] Chiovenda Giuseppe, *Curso de Derecho Procesal Civil, op. cit.,* p. 446.

juicio; c) Puede ser expresa o tácita; d) Judicial o extrajudicial; e) El reconocimiento ha de perjudicar al confesante"[94].

Nos parece relevante resaltar de las definiciones aportadas (que no son señaladas desde luego por los códigos adjetivos), que para que se considere como 'confesión' la declaración vertida por la parte (actora o demandada) en sus escritos o bien, en la audiencia de ley, es necesario que *le perjudique.* De tal manera que cualquier declaración dada que no perjudique al accionante o a la defensa, no será analizada ni tomada en cuenta por el juzgador en la valuación de la prueba al dctar sentencia.

Abona a lo dicho, la siguiente tesis:

CONFESIÓN. SURTE EFECTOS SÓLO EN LO QUE PERJUDICA, NO EN LO QUE BENEFICIA. No es lógico ni jurídico establecer que la prueba confesional ofrecida por la parte actora, en la que se declaró fíctamente confesos a los absolventes dada su incomparecencia, carezca de valor probatorio bajo el argumento de que se encuentra en contradicción con

[94] Pallares Eduardo, *Derecho Procesal Civil, op. cit.*, p.380.

diversa prueba confesional ofrecida por el demandado a cargo del actor, en la que haya contestado "no es cierto" a las posiciones formuladas, pues la confesión entendida como el reconocimiento que se hace de un hecho susceptible de producir consecuencias jurídicas, implica que sólo surte efectos en lo que perjudica y no en lo que beneficia[95].

Por otra parte, señalamos que el vocablo *judicial* respecto de la confesión, hace referencia a la aclaración vertida ante el juez del conocimiento del litigio que se le plantea, ya que también existe la declaración *extrajudicial*, que es la propuesta ante juez incompetente. La diferencia entre la *confesional* y la *testimonial* en cuanto a su relación con el fondo del asunto, lo es que la primera vincula al declarante con el resultado del pleito, mientras que al

---

[95] Tercer Tribunal Colegiado en materia de Trabajo del Cuarto Circuito. Amparo directo 670/2002. Ignacio Pedro Bautista. 8 de enero de 2003. Unanimidad de votos. Ponente: Rodolfo R. Ríos Vázquez. Secretario: Juan Miguel García Malo. Registro digital: 184931. Instancia: Tribunales Colegiados de Circuito. Novena Época. Materia(s): Laboral. Tesis: IV.3o.T.122 L. Fuente: Semanario Judicial de la Federación y su Gaceta. Tomo XVII, Febrero de 2003, página 1033. Tipo: Aislada.

testigo no le afecta en su esfera jurídica el resultado del fallo dado con base a su declaración.

a) Clases de confesión

Los diversos autores clasifican a la *confesión* en dos grupos[96]:

i. Confesión Judicial.
ii. Confesión Extrajudicial.

La confesión judicial[97] es la que se otorga ante juez competente con las formalidades establecidas en la ley. La extrajudicial es la que se otorga ante el juez incompetente[98].

---

[96] Tal clasificación se encuentra regulada por el Código de Comercio, pues el artículo 1211 dispone: La confesión puede ser judicial o extrajudicial.

[97] Artículo 1212 Código de Comercio.- Es judicial la confesión que se hace ante juez competente, ya al contestar la demanda, ya absolviendo posiciones.

[98] Al respecto, el artículo 1213 del Código de Comercio establece: Se considera extrajudicial la confesión que se hace ante juez incompetente.

Los autores clasifican a la "confesión" en dos grandes grupos:

Confesión Judicial: La que se vierte ante juez competente.

Confesión Extrajudicial: La que se vierte ante juez incompetente.

A la confesión judicial podemos a su vez, clasificarla en:

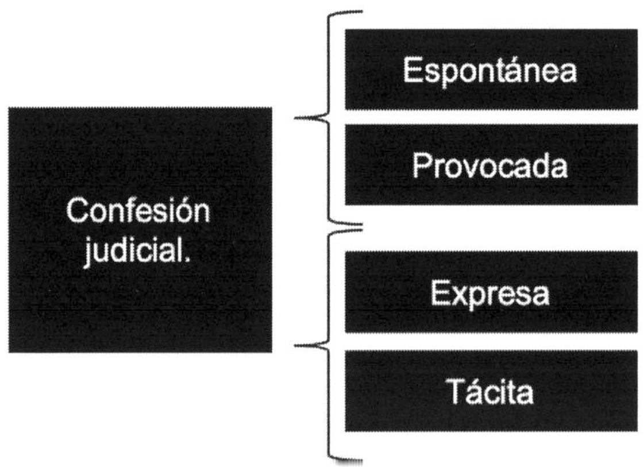

La **Confesión Judicial Espontánea** es la que se produce ya sea en la demanda o en la contestación a ésta, sin que nadie haya requerido declaración específica[99]. La confesión espontánea se denomina como tal, en virtud de que se produce de manera voluntaria[100]. No hay requerimiento judicial de por medio, por lo que al narrar los hechos de la demanda o de su contestación, que han de ser debatidos, el litigante deberá ser cuidadoso en la narrativa que sostenga, no solo porque deberá acreditarla posteriormente con os medios de prueba, sino que, también, porque pudiera ser considerado una confesión.

La **Confesión Judicial Provocada** se da cuando una de las partes 'provoca' la confesión, a través del desahogo de la prueba confesional. Es decir, es aquella que se hace por cualquiera de los litigantes al contestar las preguntas (posiciones) que al efecto le hace su contrario[101], en el desahogo de la prueba, en audiencia, frente al juzgador.

---

00 En este sentido, el Código de Comercio dispone lo siguiente: Artículo 1235.- Cuando la confesión no se haga al absolver las posiciones, sino al contestar la demanda o en cualquier otro acto del juicio, no siendo en la presencia judicial, para que ésta quede perfeccionada, el colitigante deberá pedir la ratificación, y si existiere negativa injustificada para ratificar dicho escrito que contenga la confesión, o bien omisión de hacerlo, se acusará la correspondiente rebeldía, quedando perfecta la confesión.

100 Mateos Alarcón, Manuel, *op. cit.*, p. 63.

101 *Idem.*

La **Confesión Judicial Expresa** es la que se formula en los escritos presentados al tribunal o bien, a través de la palabra hablada al responderse las *posiciones* que se le formulen a las partes en desahogo de la prueba. En este tenor, Mateos Alarcón señala que confesión expresa es aquella que se hace con señales o palabras que expresan de manera clara y manifiesta lo que se dice[102].

La **Confesión Judicial Tácita** es la que se presume por disposición de la ley. También es considerada como confesión tácita, la que se infiere de algún hecho[103]. Con respecto al primero de los casos, por ejemplo, si el demandado no contesta la demanda, estará realizando una confesión tácita o ficta (salvo algunas excepciones, como lo es en el caso de procedimiento familiar o algunos casos de emplazamiento por edictos). Al respecto, el Código de Procedimientos Civiles para la Ciudad de México dispone lo siguiente:

---

[102] *Idem*, p. 62.

[103] *Ibidem*.

Artículo 271 último párrafo.- Se presumirán confesados los hechos de la demanda que se dejen de contestar. Sin embargo, se tendrá por contestada en sentido negativo cuando se trate de asuntos que afecten las relaciones familiares, el estado civil de las personas y en los casos en que el emplazamientose hubiere hecho por edictos.

En el mismo sentido, ocurre cuando el demandado no se refiere a cada uno de los hechos contenidos en la demanda aceptándolo o negándolo o bien, siendo esquivo en la contestación; ello, atento al primer y último párrafos de la siguiente disposición del mismo Código:

Artículo 266.- Si en el escrito de contestación el demandado no se refiere a cada uno de los hechos aludidos por el actor, confesándolos o negándolos y expresando los que ignore por no ser propios, se tendrán por fíctamente confesados por dicho demandado, y esta confesión ficta se podrá tomar en consideración en cualquier estado del juicio y aún en la sentencia definitiva.

Se tendrán por confesados los hechos sobre los que se guardó silencio o que se evadió la contestación, exceptuando lo previsto en la parte final del artículo 271.

Igualmente, conforme al referido Código, opera la Confesión Judicial Tácita en el siguiente supuesto:

Artículo 322.- El que deba de absolver posiciones será declarado confeso: 1. Cuando se abstenga sin justa causa de comparecer cuando fue citado para hacerlo, en cuyo caso la declaración se hará de oficio, siempre y cuando se encuentre exhibido con anterioridad al desahogo de la prueba el pliego de posiciones; 2. Cuando se niege a declarar; 3. Cuando al hacerlo insista en no responder afirmativamente o negativamente.

En el primer caso, el juez abrirá el pliego y calificará las posiciones antes de hacer la declaración.

Nos permitimos referir, brevemente, al resto de supuestos de confesión ficta regulados con respecto a la prueba confesional, previstos en el código adjetivo de la Ciudad de México.

En primer lugar, el artículo 310[104] establece que el mandatario o representante que comparezca a absolver posiciones por alguna de las partes, no podrá manifestar que desconoce los hechos propios de la parte a quién representa (sea persona física o moral), que ignora la respuesta o evadir la misma, ni negarse a contestar afirmativa o negativamente, de lo contrario, se le declarará confeso de las posiciones que calificadas de legales se le hayan formulado.

En segundo lugar, el artículo 316 del mismo cuerpo normativo indica que, de negarse el declarante a responder, de contestar con evasivas o de manifestar que ignora los hechos, el juez lo apercibirá de tenerlo por confeso sobre los hechos de los cuales sus respuestas no fueren categóricas o terminantes[105] en el sentido de decir,

---

104 En materia mercantil el artículo correlativo al mencionado es el 1216 del Código de Comercio.

105 Del Código de Comercio son relevantes las siguientes disposiciones: Artículo 1229.- En el caso de que el declarante se negare a contestar, el juez le apercibirá en el acto de tenerle por confeso si persiste en su negativa. Artículo 1230.- Si las respuestas del que declara fueren evasivas, el juez le apercibirá igualmente de tenerle por confeso sobre los hechos respecto de los cuales sus respuestas no fueren categóricas o terminantes. Artículo 1232.- El que deba absolver posiciones, será declarado confeso: I. Cuando sin justa causa el que

"sí" o "no" y en su caso, adicionar aquello que considere relevante.

Asimismo, el artículo 325 señala que se tendrá por confeso el articulante respecto a los hechos propios que llegara a afirmar en las posiciones. Aquí resaltamos que al hacer el pliego correspondiente que contenga las posiciones que ha de absolver la parte contraria, puede caerse en una aceptación (confesión) de algun hecho que estaba dudoso o se había negado. Por su parte, el artículo 323 dispone que no podrá ser declarado confeso el llamado a absolver posiciones, a menos que hubiere sido apercibido legalmente[106] de ser declarado confeso para el caso de su inasistencia.

---

deba absolver posiciones se abstenga de comparecer cuando fue citado para hacerlo, en cuyo caso la declaración se hará de oficio; siempre y cuando se encuentre exhibido con anterioridad al desahogo de la prueba el pliego de posiciones; II. Cuando se niegue a declarar; III. Cuando al hacerlo insista en no responder afirmativa o negativamente.

[106] Tal apercibimiento será realizado, de igual forma, a los entes de la administración pública. El artículo 326 del Código de Procedimientos Civiles para la Ciudad de México, al efecto, establece: Las autoridades, las corporaciones oficiales y los establecimientos que formen parte de la administración pública no absolverán posiciones en la forma que establecen los artículos anteriores; pero la parte

b) Tiempo para ofrecer la prueba confesional

El Código de Procedimientos Civiles para la Ciudad de México dicta el período en que deberá ofrecerse la prueba confesional, así, en su artículo 308 señala que la confesional podrá ofrecerse desde la demanda y su contestación, hasta diez días antes de la audiencia de desahogo de pruebas.

Además, se dispone que los litigantes quedan obligados, cuando así lo exija la contraria, a declarar bajo protesta de decir verdad[107]; de tal manera que puede incurrir en el

---

contraria podrá pedir que se les libre oficio, insertando las preguntas que quiera hacerles para que, por vía de informe, sean contestadas dentro del término que designe el tribunal y que no excederá de ocho días. En el oficio se apercibirá a la parte absolvente de tenerla por confesa si no contestare dentro del término que se le haya fijado, o si no lo hiciere categóricamente afirmando o negando los hechos.

[107] En el mismo sentido, el Código de Comercio establece: Artículo 1214 primer párrafo.- Desde los escritos de demanda y contestación a la demanda y hasta diez días antes de la audiencia de pruebas, se podrá ofrecer la de confesión, quedando las partes obligadas a declarar, bajo protesta de decir verdad, cuando así lo exija el contrario.

delito de falsedad de declaración ante órgano judicial, si se demuestra que su declaración es falsa.

c) Con respecto a los absolventes

¿Quiénes pueden absolver posiciones?

En este punto debemos distinguir, en primer lugar, si la parte a cargo de la cual se ha ofrecido la confesional es persona física, o bien, persona moral. En el primer caso, podrá solicitarse que la confesional sea desahogada de manera personal, es decir, no por conducto de representante (apoderado o mandatario), pero para ello, deberá justificarse al tribunal del porqué ha de hacerse en estos términos el desahogo de la confesional; en caso de persona moral, lógicamente, no será posible ello y, en todos los casos, será representante legal quien absuelva las posiciones, pero debe tener el apoderado o mandatario la facultad de absolver posiciones por su poderdante o mandante. En este caso, no es posible exigir que el desahogo se lleve a cabo por algún apoderado o representante específico.

Al respecto, es interesante la siguiente jurisprudencia:

AUTORIZADO PARA OÍR NOTIFICACIONES EN TÉRMINOS DEL ARTÍCULO 1069 DEL CÓDIGO DE COMERCIO. REQUIERE MANDATO EXPRESO PARA ABSOLVER O ARTICULAR POSICIONES EN NOMBRE DE SU AUTORIZANTE. La expresión "ofrecer e intervenir en el desahogo de pruebas" contenida en el tercer párrafo del artículo 1069 del Código de Comercio se refiere al acto de allegar a la causa los instrumentos con los que la parte de que se trate acredite o pretenda acreditar las aseveraciones vertidas en su demanda o en su contestación, así como realizar todo tipo de actos procesales necesarios para su preparación, mas no a la facultad para absolver o articular posiciones, ya que por disposición expresa de los artículos 1214, segundo párrafo, 1215 y 1217 del citado Código, para ello se requiere un mandato especial. En efecto, la prueba confesional se rige por la naturaleza que le otorga la mencionada codificación mercantil, de ahí que para su desahogo no debe considerarse que la autorización para oír notificaciones prevista en el referido numeral 1069 sea para articular o absolver posiciones, es decir, para que alguien pueda generar o producir una confesión, requiere que su autorizante haya insertado expresamente en el poder respectivo la delegación específica de tal facultad, o bien una cláusula especial en la que lo autorice para esos efectos, con base en la interpretación sistemática de los artículos señalados, en relación con los numerales 2554, 2555 y 2587 del Código Civil Federal, de aplicación supletoria en la materia[108].

d) Pliego de posiciones

Recordamos aquí que las preguntas que se formulan en desahogo de la prueba confesional, se denominan 'posiciones', lo que las diferencia de las que han de hacerse a los testigos que se denominan *preguntas*.

Ahora bien, Eduardo Pallares indica que las 'posiciones' son fórmulas autorizadas por la legislación, a través de las cuales el articulante afirma la existencia de un hecho

---

[108] Semanario Judicial de la Federación, novena época, primera sala, tomo XXV, mayo de 2007, pág. 179, jurisprudencia (civil). Consulta electrónica ius. "AUTORIZADO PARA OÍR NOTIFICACIONES EN TÉRMINOS DEL ARTÍCULO 1069 DEL CÓDIGO DE COMERCIO. REQUIERE MANDATO EXPRESO PARA ABSOLVER O ARTICULAR POSICIONES EN NOMBRE DE SU AUTORIZANTE".

litigioso y conmina al confesante a que lo reconozca como tal[109].

En este sentido, al ofrecer la prueba confesional, existe la posibilidad de acompañar al escrito que tiene el ofrecimiento de la misma, el pliego de posiciones en que se contengan aquellas que se harán a la contraparte en la audiencia de desahogo.

Igualmente, podrá presentarse tal pliego de manera separada al ofrecimiento, pero deberá hacerse antes de su desahogo. Sin embargo, no es obligatoria su exhibición en el proceso escrito. En el procedimiento bajo las reglas de la oralidad, las posiciones deben formularse de manera directa en la audiencia por el oferente[110]. A continuación,

---

[109] Eduardo Pallares, según Ovalle Favela, José, *Derecho procesal civil*, novena edición, *op. cit.*, p. 149.

[110] PRUEBA CONFESIONAL EN EL JUICIO ORAL MERCANTIL. EL OFERENTE TIENE LA OBLIGACIÓN DE ASISTIR A LA AUDIENCIA DE JUICIO Y FORMULAR LOS INTERROGATORIOS EN EL ACTO Y NO MEDIANTE PLIEGO DE POSICIONES EXHIBIDO CON ANTERIORIDAD A LA DILIGENCIA, CONFORME A LAS REFORMAS AL CÓDIGO DE COMERCIO, PUBLICADAS EN EL DIARIO OFICIAL DE LA FEDERACIÓN EL 25 DE ENERO DE 2017 [INAPLICABILIDAD DE LA TESIS DE JURISPRUDENCIA 1a./J. 63/2018 (10a.)]. Registro digital: 2024673. Instancia: Tribunales Colegiados de Circuito. Undécima

veremos la consecuencia que conlleva la no presentación del pliego de posiciones.

El pliego de posiciones, como indica Ovalle Favela, se presenta, generalmente, en un sobre cerrado al momento de ofrecer la prueba confesional[111]. Cuando ello acontece, este se guarda en el seguro del juzgado, en los términos indicados por el artículo 292 del Código de Procedimientos Civiles para la Ciudad de México[112]. Adicionalmente, esta diposición señala que la confesional podrá admitirse aunque no se exhiba el pliego, pidiendo tan sólo la citación de la contraria. En esta hipótesis y, en caso de que no concurriere el absolvente a la diligencia de prueba, este no podrá ser declarado confeso; pues, solo podrá serlo de aquellas posiciones que se formularen con anticipación.

Por otro lado, el artículo 313 del mismo cuerpo procesal determina que si el citado a absolver posiciones

---

Época. Materia(s): Civil. Tesis: XVII.2o.2 C (11a.). Fuente: Gaceta del Semanario Judicial de la Federación. Libro 13, Mayo de 2022, Tomo V, página 4757.

[111] Ovalle Favela, José, *Derecho procesal civil*, novena edición, *op. cit.*, p. 149.

[112] Al respecto, ver artículos 1223 y 1224 del Código de Comercio.

comparece, el juez abrirá el pliego, en caso de haberlo. Seguidamente, procederá a calificar[113] las posiciones y a aprobar sólo las que se ajusten a lo dispuesto por la ley, según exponemos adelante. Posteriormente, el absolvente firmará el pliego de posiciones antes de absolver el interrogatorio a efecto de evitar haya cambios no autorizados.

Así, pueden ocurrir dos escenarios:

i. Que el oferente no exhiba pliego de posiciones, en cuyo caso, si la parte citada no comparece y se le ha hecho el apercibimiento correspondiente, el juez no procederá a declararla confesa fictamente.

ii. Que si exhiba el oferente el pliego, caso en el cual, el juez lo mandará guardar en el seguro del juzgado y señalará día y hora para su desahogo, ordenando la citación del absolvente. Además, será posible que, en caso

---

113 Contra la calificación de posiciones procede el recurso de apelación en el efecto devolutivo de tramitación conjunta con la apelación a la sentencia definitiva.

de incomparecencia de este último, se le declare confeso fictamente.

e) Preparación

Con respecto a la preparación de la prueba confesional el código adjetivo de la Ciudad de México establece, en su artículo 309, que deberá notificarse de manera personal al absolvente, por lo menos con dos días de anticipación al señalado para la audiencia, sin contar el día en que se realice la notificación, ni el señalado para recibir la declaración. Deberá, al hacerse la citación, apercibir a la parte que deba declarar que si dejare de comparecer sin justa causa, se le tendrá por confeso[114].

f) Requisitos que deben reunir las posiciones

Tanto en materia civil como mercantil, es indispensable que las posiciones o preguntas reúnan los siguientes requisitos[115]:

---

[114] En los mismos términos se pronuncia el artículo 1124 del Código de Comercio.

[115] Artículos 311 del Código de Procedimientos Civiles para la Ciudad de México y 1222 del Código de Comercio.

1. Formularse a cargo de la parte contraria;
2. Articularse en términos precisos, pues de otra forma no se podría exigir del absolvente respuestas concretas y categóricas[116];
3. Deben contener solo un hecho por posición y este debe ser propio del absolvente;
4. No deben ser insidiosas, esto es, no deben dirigirse a ofuscar o desorientar la inteligencia del absolvente con el fin de hacerlo caer en el error y obtener, así, una confesión contraria a la verdad;
5. Deben concretarse a hechos objeto de debate;
6. Deben dar lugar a respuestas categóricas, en sentido afirmativo o negativo, es decir, las posibles contestaciones a las preguntas deberán ser 'si' o 'no'. Ello implica que si el declarante contesta en sentido afirmativo, se tendrá como admitido el hecho contenido en la posición, en caso contrario, se reputará no admitido. Así, conviene como ejercicio para conocer si nuestra posición es correcta, que nosotros mismos podamos contestarla con un "sí" o con un "no". Si esto es posible, la posición es correcta.

---

[116] Mateos Alarcón, Manuel, *op. cit.*, p. 72.

7. La posición no puede utilizar palabras como "no", "nunca" etc., porque ello haría la respuesta fuera confusa y daría materia de interpretación a la hora de su evaluación en sentencia.

Aunado a los requisitos apuntados, el Código de Procedimientos Civiles para la Ciudad de México establece reglas para el caso en que se trate de un hecho complejo o negativo. Así, el artículo 311 señala que un hecho complejo -compuesto de dos o más hechos- puede contenerse en una posición cuando por la íntima relación entre estos no pueda afirmarse o negarse uno, sin afirmar o negar el otro, lo que permite preparar una posisicón larga en su estructura.

La misma disposición establece que, siempre que las posiciones se formulen en términos que no den lugar a respuestas confusas, podrán contener hechos negativos que envuelvan una abstensión o que impliquen un hecho o consecuencia de carácter positivo (por ejemplo, una posición que establezca que *"Usted se ha abstenido de entregar al menor en el domicilio establecido en el convenio de fecha dos de marzo de 2022").*

g) Desahogo

El desahogo de la prueba confesional se hará en la audiencia de pruebas. De conformidad con el código adjetivo para la Ciudad de México y el Código de Comercio, no es posible que el absolvente sea asistido por persona alguna, salvo que no hable castellano, o que sea sordo, o ciego, caso en el cual, el juez le nombrará un intérprete. Tampoco se le dará copia de las posiciones, ni tiempo para ser aconsejado por su abogado una vez abierto el sobre para su desahogo.

Una vez que el absolvente ha comparecido a la audiencia respectiva, dará sus generales y rendirá protesta de decir verdad. Posteriormente, si se exhibió pliego de posiciones, el juzgador lo abrirá y procederá a verificar que las posiciones cumplan con los requisitos legales que hemos analizado. Hecho esto, se procederá al interrogatorio.

En caso de que no se haya exhibido pliego de posiciones, la parte oferente de la confesional podrá formular posiciones al absolvente de manera directa y verbal (evento muy poco usual en la práctica), señalando aquí que en caso de proceso escrito solo esto es factible si el que ha de absolver posiciones comparece a la audiencia y en el procedimiento oral, siempre ha de hacerse de manera directa con la presencia del absolvente.

Como hemos mencionado, en ambos supuestos, las respuestas del absolvente deberán ser categóricas, en sentido afirmativo o negativo, existiendo posibilidad de que, tras contestar, pueda ampliar la respuesta mediante una aclaración de la que debe tomarse registro en la audiencia y estudiarse en conjunto el "sí" o "no", más la aclaración.

Si son varias las personas que absolverán posiciones al tenor de un mismo interrogatorio, ello se hará separadamente, en la misma audiencia, de tal manera que los que han de absolver no escuchen las respuestas dadas por su antecesor.

Finalmente, se levantará un acta que deberá ser firmada por el absolvente en el proceso escrito y dejará huella de lo dicho en video, en caso de audiencia oral. Al respecto, el Código de Procedimientos para la Ciudad de México señala:

Artículo 319.- De las declaraciones de las partes se levantarán actas, en las que se hará constar la contestación dada a la posición, iniciándose con la protesta de decir verdad y sus generales.

Esta acta deberá ser firmada al pie de la última hoja y al margen de las demás en que se contengan las declaraciones producidas por los absolventes después de leerlas por sí mismos si quisieren hacerlo o de que les sean leídas por la Secretaría. Si no supieren firmar se hará constar esa circunstancia.

Artículo 320.- Cuando el absolvente al enterarse de su declaración manifieste no estar conforme con los términos asentados, el juez decidirá en el acto lo que proceda acerca de las rectificaciones que deban hacerse. Una vez firmadas las declaraciones, no pueden variarse ni en la substancia ni en la redacción. La nulidad proveniente de error o violencia se substanciará incidentalmente y la resolución se reservará para la definitiva.

Por su parte, el Código de Comercio establece en el numeral 1225 que hecha la protesta de decir verdad, se procederá al interrogatorio y se asentarán literalmente las respuestas; concluida la diligencia, el absolvente firmará al margen el pliego de posiciones.

Para finalizar el presente apartado, consideramos pertinente señalar ciertas reglas especiales en materia de la prueba confesional. En este sentido, el código procedimiental de la Ciudad de México prevé la posibilidad de que si el absolvente tiene una enfermedad legalmente comprobada, o bien, tenga más de setenta años[117] de edad (siempre y cuando se demuestre haga difícil su comparecencia al tribunal), el juez podrá recibir su declaración en donde esta se encuentre.

Por otro lado, el Código de Comercio, en los artículos 1219 y 1220, regula el caso de que el declarante no se encuentre en el lugar del juicio, en los términos siguientes: el juzgador librará exhorto al que acompañará el pliego de

---

[117] El Código de Procedimientos Civiles es del año 1932, cuando la oportunidad de alcanzar los 70 años de vida era bajo; actualmente al no moverse esa edad mediante modificación a la ley, los tribunales federales han considerado que tener 70 años de edad o más, actualmente es común y por tanto, para que se arrope un declarante bajo este texto, deberá demostrar, además, que tiene cierta enfermedad o imposibilidad física que le impida ocurrir al tribunal.

posiciones cerrado y sellado. Para tal efecto, las posiciones habrán de calificarse previamente por el juez exhortante. Al ofrecerse esta confesional, deberá acompañarse copia del pliego de posiciones para que se guarde en el seguro del juzgado, sin que pueda ser conocida por la contrario.

Diligenciado el exhorto, el juzgador exhortado practicará todas las diligencias que correspondan conforme al capítulo relativo a la confesional, pero no podrá declarar confeso a ninguna de las partes, salvo disposición de ley o que el exhortante lo autorice para tal efecto.

B. Prueba Testimonial

El Dicicionario de la Lengua Española define al Testigo como la persona que da testimonio de algo o lo atestigua.

La palabra 'testimonio' deriva de la voz latina *testimonium*, que quiere decir atestación o aseveración de una cosa[118]. Así, la prueba testimonial ha sido definida

---

[118] González Garcete, Juan Marcelino y Orué Prieto, Guzmán Esteban. *La prueba testimonial*, Lexijuris Editoria, p. 17.

como *"aquel medio en el que, a través de testigos, se pretende obtener información respecto a acontecimientos que se han controvertido en un proceso"*[119].

En este orden de ideas, Hugo Alsina ha definido al testigo como *"la persona capaz, extraña al juicio, que es llamada a declarar sobre hechos que han caído bajo el dominio de sus sentidos"*[120]. Por su parte, el reconocido procesalista Chiovenda opina lo siguiente: *"El testigo es una persona, distinta de los sujetos procesales, a quien se llama para exponer al juez las observaciones propias de hechos ocurridos importantes para el proceso"*[121].

Existe un principio de Derecho Romano que establece que *"Nadie puede ser testigo en causa propia"*. Este principio resulta lógico ya que *la parte* sólo puede declarar en su favor o en su contra.

a) Si declara en su contra, lo que en realidad está haciendo es *confesar*.

---

[119] Arellano Garcia Carlos, *Derecho Procesal Civil*, *op. cit.*, p. 280.
[120] González Garcete, Juan Marcelino y Orué Prieto, Guzmán Esteban, *op. cit.*, p. 17.
[121] Chiovenda Giuseppe, *Curso de Derecho Procesal Civil, op. cit.*, p. 452.

b) Si declara a su favor, resulta inútil y ociosa su declaración.

Entonces, ¿quiénes deben ser considerados como testigos?

Llamamos testigo a la persona que comunica al juez el conocimiento que posee acerca de determinado hecho (o hechos) cuyo esclarecimiento interesa para la decisión de un proceso[122].

A partir de las anteriores definiciones, podemos decir que la prueba testimonial será siempre desahogada por terceros ajenos al proceso de que se trate, es decir, por personas que no se verán perjudicadas en su esfera jurídica por la sentencia que, eventualmente, se dicte en el juicio. Además, precisamos que el conocimiento que los testigos tienen acerca de los hechos relacionados con el litigio, lo han obtenido a través de sus sentidos.

---

[122] Arellano Garcia Carlos, Derecho Procesal Ciivl. México. Editorial Porrúa, 1981, p.280.

Al respecto, cabe aclarar que en el derecho procesal mexicano se han admitido no solo 'testigos directos', que son aquellos que conocen personal y directamente los hechos, sino también los 'testigos indirectos', cuya fuente de conocimiento es mediata.

Los que no son perjudicados con su esfera jurídica, por la sentencia que se dicte. Así, no pueden ser testigos:

a) El actor- el demandado.
b) Los terceristas.
c) Las partes en sentido formal, es decir, los representantes legales o voluntarios de los mencionados en el punto anterior, porque jurídicamente son la misma parte.

¿Sobre qué puntos o hechos declara el testigo? El testigo debe de rendir su testimonio con base a los hechos conocidos por él a través de los sentidos.

a) Clasificación de los testigos.

Testigos instrumentales y Testigos medio de prueba.

Testigos de cargo y Testigos de descargo.

Testigos de vista y Testigos de oídas.

Testigos voluntarios y Testigos hostiles.

Hagamos breve estudio:

Testigos Instrumentales: Son quienes atestiguan un acto jurídico que no tiene relación con un litigio, sino más bien solemnidades marcadas por la ley (por ejemplo, el matrimonio, el testamento, el nacimiento).

Testigos Medio de Prueba: Son aquellos que la ley obliga a comparecer a juicio para rendir su testimonio en relación con los hechos litigiosos, de acuerdo a lo señalado en el siguiente artículo del Código de Procedimientos Civiles (siendo idéntico el texto del art. 1261 del Código de Comercio):

Artículo 356.- Todos los que tengan conocimiento de los hechos que las partes deben de probar , están obligados a declarar como testigos.

Testigos de Cargo: Son aquellos que dan noticias sobre hechos que impliquen la confirmación de la incriminación del procesado. Por el contrario, los *Testigos de Descargo* son los que dan cuenta de eventos que ayudan a quién lo presenta en juicio.

Testigos de Vista: Son aquellos que se han percatado, en forma directa, de ciertos hechos que después serán materia de juicio. Esta clasificación está referida a la vista, ya que grafica bastante bien que es la forma en que nos llega la información de manera directa (no por dicho de otras personas o eventos). Así el testigo que conoce la información o hecho que será (probablemente) materia de litigio de manera directa, entra en esta clasificación.

Conviene confirmar el que, aun cuando está referida a la vista como forma directa de percibir la información, en esta clasificación 'entra' todo lo relacionado a percibir de manera directa el hecho. Por tanto, los sordos y ciegos pueden ser testigos de vista, ya que a través de sus sentidos pueden tener acceso al evento del que han de declarar el día de mañana a través del oido, tacto, gusto u olfato.

Testigos de Oídas: Son aquellos que se han percatado en forma indirecta de la relación de un hecho; es decir, este testigo está referido al sentido del oido, ya que con ello se grafica que no es diracta la información, sino que proviene de un tercero que a su vez le ha dicho lo sucedido. Es el testigo al que, de manera coloquial diremos que se "enteró del chisme", pero no lo vivió.

Testigos Voluntarios: Son aquellos que al llamado de la parte que lo requiere, ocurren al tribunal a rendir su testimonio sin que sea necesaria su citación judicial. Así, la regla general en el tribunal lo es que el oferente de la prueba testimonial debe ofrecer al testigo y presentarlo el día y hlra que al efecto designe el tribunal. La excepción a ello, son los testigos denominados como '*hostiles*', que son aquellos que solo mediante citación con apercibimiento irán al juzgado a rendir declaración. Estos, a manera de ejemplo, serían los suegros o cuñados en un conflicto de carácter familiar. O los trabajadores en un caso de controversia con el patrón.

b) **¿Quién debe ofrecer al testigo?** La parte que está interesada en acreditar cierto hecho.

Abonan a lo señalado, los siguientes criterios de nuestros tribunales federales:

TESTIGOS DE OIDAS. APRECIACION DE SUS DECLARACIONES. Los testigos pueden conocer los hechos, bien por ciencia propia, por haberlos visto u oído, o bien por causa ajena, por haberlos oído a quien de ellos tenia ciencia propia. La declaración testifical más segura es la del testigo que conoce los hechos por ciencia propia; más nuestro sistema, basado en la libre apreciación, no puede rechazar la prueba de hechos conocidos por el testigo, en razón de otra causa. El Juez, que va recogiendo todos los elementos de prueba, pondrá especial cuidado en averiguar el por qué son conocidos del testigo aquellos hechos, por el referidos, sin que pueda el Juez rechazar los que aquél alegare, haciendo constar que no le son conocidos de ciencia cierta[123].

TESTIGOS DE OÍDAS. SU DISTINCIÓN EN CUANTO A LA FUENTE DEL CONOCIMIENTO DE

---

[123] Semanario Judicial de la Federación, séptima época, tercera sala, Volumen 37, Cuarta Parte, pág. 35, tesis aislada (civil, común). Consulta electrónica ius. "TESTIGOS DE OIDAS. APRECIACION DE SUS DECLARACIONES".

LOS HECHOS (LEGISLACIÓN DE LA CIUDAD DE MÉXICO). Si bien la declaración testifical más segura es la del testigo que conoce los hechos por ciencia propia, también lo es que nuestro sistema jurídico, basado en la libre apreciación, no puede rechazar la prueba de hechos conocidos por el testigo en razón de otra causa, supuesto en el que encuadran aquellos testigos que, aun cuando no les consten los hechos de ciencia propia, sí les constan por referencia directa de los autores o partícipes del suceso sobre el cual declaran, por lo que no es jurídicamente correcto negar toda eficacia a los testimonios de aquellos que declaran lo que les consta, no de ciencia propia, sino por referencia directa de los autores de los hechos, caso en el cual, su valoración debe hacerse conforme a la sana crítica, es decir, teniendo presente que los testigos pueden conocer los hechos, bien, por ciencia propia, por haberlos visto u oído, o por causa ajena, es decir, por haberlos oído a quien de ellos tenía ciencia propia, correspondiendo en todo caso al juzgador graduar su eficacia, según la naturaleza de los hechos que se traten de probar[124].

---

[124] Semanario Judicial de la Federación, décima época, tribunales colegiados de circuito, libro 39, febrero de 2017, tomo III, pág. 2369, tesis aislada (civil). Consulta electrónica ius. "TESTIGOS DE OÍDAS.

TESTIGO DE OIDAS. Por testigo de oídas debe entenderse a aquel que no conoce por sí mismo los hechos sobre los que depone, sino que es informado de ellos por una tercera persona, en cambio testigo presencial es aquel que declara respecto de hechos que percibió, habiendo sido su fuente de información directa y personal[125].

En México, como se ha señalado, toda persona que tenga conocimiento de los hechos que los litigantes deben probar en un proceso, está obligada a declarar como testigo. El fundamento de tal obligación se encuentra en el artículo 356 del Código de Procedimientos Civiles para la Ciudad de México, así como en el numeral 1261 del Código de Comercio. Sin embargo, ello cuenta con las siguientes excepciones:

i. A los testigos de más de setenta años o que se encuentren enfermos, podrá recibirles el juez su

---

SU DISTINCIÓN EN CUANTO A LA FUENTE DEL CONOCIMIENTO DE LOS HECHOS (LEGISLACIÓN DE LA CIUDAD DE MÉXICO)".

[125] Semanario Judicial de la Federación, novena época, tribunales colegiados de circuito, tomo IV, octubre de 1996, pág. 478, jurisprudencia (penal). Consulta electrónica ius. "TESTIGO DE OÍDAS".

declaración en el lugar en donde se encuentren, en presencia de la otra parte, según la legislación adjetiva civil, o bien, en su casa, según el Código de Comercio[126]. Esto, al igual que en el caso de la prueba confesional, solo es admisible si el testigo acredita que la edad o enfermedad que tiene le impide ocurrir al procedimiento[127].

ii. Al Presidente de la República, Jefe de Gobierno de la Ciudad de México, Gobernadores de los estados, Ministros de la Suprema Corte de Justicia, a los Secretarios de Estado, a los Titulares de los organismos públicos descentralizados o empresas de participación estatal mayoritaria, federales o locales, al Gobernador del Banco de México, Senadores, Diputados, Asambleístas, Magistrados, Consejeros de la Judicatura y Electorales, Jueces, Generales con mando y a las primeras autoridades

---

[126] Artículo 358 del Código de Procedimientos Civiles para la Ciudad de México y 1267 del Código de Comercio.

[127] Recordemos que el Código de Procedimientos Civiles es de 1932, época en la que tener setenta años era sumamente difícil. Sin embargo, actualmente una persona de esa edad está en una condición física que le permite desde lo físico y lo psicológico, hacer frente sin problema a la movilidad y al entendimiento del caso que requiere de su testimonio.

políticas de la Ciudad de México, se pedirá y rendirá su declaración por oficio; solo en casos urgentes podrán rendirla personalmente[128].

iii. Conforme al artículo 362 del Código de Procedimientos Civiles para la Ciudad de México, cuando el testigo resida fuera de la Ciudad de México, al ofrecerse la prueba, se deberán presentar sus interrogatorios con las copias respectivas para las otras partes, a efecto que, dentro de tres días, presenten sus interrogatorios de repreguntas. Para el examen de los testigos, se librará exhorto con un pliego cerrado, contendiendo las

---

[128] Artículo 359 del Código de Procedimientos Civiles para la Ciudad de México. Correlativamente, el artículo 1268 del Código de Comercio dispone: El Presidente de la República, los secretarios de Estado, los titulares de los organismos públicos descentralizados o empresas de participación estatal mayoritaria, el Gobernador del Banco de México, los senadores, diputados, magistrados, jueces, generales con mando, las primeras autoridades políticas del Distrito Federal, no están obligados a declarar, a solicitud de las partes, respecto al asunto de que conozcan o hayan conocido por virtud de sus funciones. Solamente cuando el tribunal lo juzgue indispensable para la investigación de la verdad, podrán ser llamados a declarar. En este caso, y en cualquier otro, se pedirá su declaración por oficio, y en esta forma lo rendirán.

preguntas y repreguntas. En este caso, sin la exhibición de los interrogatorios del oferente no se admitirá la prueba[129].

c) Ofrecimiento de la prueba testimonial

El ofrecimiento de la prueba testimonial debe hacerse indicando el nombre y domicilio de los testigos[130]. Ello, se hará en el escrito inicial de demanda si se trata del actor; o bien, en el escrito de contestación de la demanda si se

---

[129] Correlativamente el artículo 1269 del Código de Comercio establece lo siguiente: Cuando el testigo resida fuera de la jurisdicción territorial del juez que conozca del juicio, deberá el promovente, al ofrecer la prueba, presentar sus interrogatorios con las copias respectivas para las otras partes, que dentro de tres días podrán presentar sus interrogatorios de repreguntas. Para el examen de estos testigos, se librará exhorto en que se incluirán en pliego cerrado, las preguntas y repreguntas.

[130] Artículo 291 del Código de Procedimientos Civiles para la Ciudad de México: Las pruebas deben ofrecerse expresando con toda claridad cual es el hecho o hechos que se tratan de demostrar con las mismas así como las razones por los que el oferente estima que demostrarán sus afirmaciones, declarando en su caso en los términos anteriores el nombre y domicilio de testigos y peritos y pidiendo la citación de la contraparte para absolver posiciones; si a juicio del tribunal las pruebas ofrecidas no cumplen con las condiciones apuntadas, serán desechadas, observándose lo dispuesto en el artículo 298 de este ordenamiento.

trata del demandado, en los siguientes términos del código procedimental para la Ciudad de México[131]:

---

[131] En materia mercantil, con respecto al juicio ordinario mercantil el Código de Comercio establece: Artículo 1378 fracción V.- La demanda deberá reunir los requisitos siguientes: V. Los hechos en que el actor funde su petición en los cuales precisará los documentos públicos o privados que tengan relación con cada hecho, así como si los tiene a su disposición. De igual manera proporcionará los nombres y apellidos de los testigos que hayan presenciado los hechos relativos; Artículo 1378 cuarto párrafo.- El escrito de contestación se formulará ajustándose a los términos previstos en este artículo para la demanda.

Con respecto al juicio oral mercantil dispone: Artículo 1390 Bis 11 fracción V.- La demanda deberá presentarse por escrito y reunirá los requisitos siguientes: V. Los hechos en que el actor funde su petición en los cuales precisará los documentos públicos o privados que tengan relación con cada hecho, así como si los tiene a su disposición. De igual manera proporcionará los nombres y apellidos de los testigos que hayan presenciado los hechos relativos; Artículo 1390 bis 13 primer párrafo.- En los escritos de demanda, contestación, reconvención, contestación a la reconvención y desahogo de vista de éstas, las partes ofrecerán sus pruebas expresando con toda claridad cuál es el hecho o hechos que se tratan de demostrar con las mismas, así como las razones por las que el oferente considera que demostrarán sus afirmaciones, proporcionando el nombre, apellidos y domicilio de los testigos que hubieren mencionado en los escritos señalados al principio de este párrafo, así como los de sus peritos, y la clase de pericial de que se trate con el cuestionario a resolver, que deberán rendir durante el juicio, exhibiendo las documentales que tengan en su poder o el escrito sellado mediante el cual hayan

Artículo 255 fracción V.- Toda contienda judicial, principal o incidental, principiará por demanda, en la cual se expresarán:

V.- Los hechos en que el actor funde su petición, en los cuales precisará los documentos públicos o privados que tengan relación con cada hecho, así como si los tiene o no a su disposición. De igual manera proporcionará los nombres y apellidos de los testigos que hayan presenciado los hechos relativos.

Artículo 266 segundo párrafo.- Cuando los hechos que se contesten hayan sido conocidos por algún testigo, se deberá mencionar su nombre y apellidos.

d) Preparación para el desahogo

Con respecto a su preparación para el desahogo de la prueba, principiaremos por decir que, tanto en materia civil como mercantil, las partes tendrán obligación de

---

solicitado los documentos que no tuvieren en su poder en los términos del artículo 1061 de este Código.

presentar a sus propios testigos. En este sentido, el artículo 120 del Código de Procedimientos Civiles para la Ciudad de México[132] dispone que la citación de los testigos se hará por conducto del oferente de la prueba testimonial. La entrega de la citación al testigo tendrá como efecto la comprobación de su llamamiento en la fecha y hora que se señale para que, en audiencia, rinda su testimonio.

Así, la falta de comparecencia de los citados testigos será en perjuicio del oferente y no dará lugar a imponer medida de apremio alguna para los testigos, sino que se dejará de recibir la testimonial por falta de interés jurídico.

---

[132] Al efecto, el artículo 1262 del Código de Comercio dispone: Las partes tendrán obligación de presentar sus propios testigos para cuyo efecto se les entregarán las cédulas de notificación. Sin embargo, cuando realmente estuvieren imposibilitadas para hacerlo, lo manifestarán así bajo protesta de decir verdad y pedirán que se les cite. El juez ordenará la citación con apercibimiento de arresto hasta por treinta y seis horas o multa equivalente hasta quince días de salario mínimo general diario vigente en el Distrito Federal, que aplicará al testigo que no comparezca sin causa justificada, o que se niegue a declarar.

Los testigos que no puedan ser presentados por la parte interesada, podrán ser citados por orden del tribunal, de conformidad con el artículo 121, a costa del oferente, por:

i. Correo certificado. En dicho supuesto, se dejará copia del documento en que conste la citación, así como el acuse de recibo que recabe el correo.

ii. Telégrafo. En este caso, se enviará por duplicado a la oficina que deba de trasmitirlo, la cual devolverá, con el recibo correspondiente, uno de los ejemplares que se agregará al expediente (este apartado básicamente es letra muerta).

iii. Citación que entregue el actuario del juzgado, de manera personal, al testigo (evento utilizado casi 100 por ciento de los casos por el tribunal) .

Como dijimos, en principio, los litigantes deben presentar sus propios testigos; empero, cuando el oferente se encuentre imposibilitado para presentar a uno de ellos porque pueda considerarse que el testigo no comparecerá a su petición, será aplicable el artículo 357 del referido código[133], mismo que establece que cuando, realmente, las partes estuvieran imposibilitadas para presentar a sus testigos, así lo manifestarán bajo protesta de decir verdad y pedirán al juez que se les cite. Para ello, tendrán que expresar las causas de su imposibilidad. Esto es bastante común en el tribunal ya que, por ejemplo, en un juicio de pago de alimentos, que el padre del menor ofrezca como testigo a su suegra, será bastante difícil que quiera ella prestarse a declarar. O los hermanos de la madre del menor. Por ello, serán considerados como testigos hostiles a los que hay que obligar a comparecer a juicio a rendir su testimonio.

En su caso, el juzgador ordenará la citación del testigo, apercibiéndolo con alguno de los medios de apremio marcados en la ley, que puede ir desde una multa hasta

---

133 En relación con ello, el Código de Comercio señala: Artículo 1262.- Las partes tendrán obligación de presentar sus propios testigos para cuyo efecto se les entregarán las cédulas de notificación. Sin embargo, cuando realmente estuvieren imposibilitadas para hacerlo, lo manifestarán así bajo protesta de decir verdad y pedirán que se les cite. El juez ordenará la citación con apercibimiento de arresto hasta por treinta y seis horas o multa equivalente hasta quince días de salario mínimo general diario vigente en el Distrito Federal, que aplicará al testigo que no comparezca sin causa justificada, o que se niegue a declarar.

un arresto hasta por treinta y seis horas (éste último medio es el más usado por los jueces y, sin duda, el más efectivo, ya que usualmente el testigo comparece).

Cabe precisar que, en caso de no ser presentado el testigo por el oferente, o si ejecutados los medios de apremio correspondientes no se logra su comparecencia, se declarará desierta la prueba testimonial. Esto es interesante debido a que antes de este último texto, los litigantes utilizaban a la prueba testimonial como mecanismo para alagar la duración del procedimiento, ya que la ley procesal no preveía el desechamiento en caso que el domicilio fuera incorrecto o no se pudiera citar por alguna forma al testigo. Por ello, el texto legal se reformó y se le dio agilidad al procedimiento evitando distorsiones o disgregaciones que en nada beneficiaban a las partes (aun cuando se sacrificó el conocimiento de la verdad verdadera en juicio, al privarse de un medio de prueba que solo dio expedites procedimiento, pero no conocimiento del fondo de la contienda).

Por último, nos referimos a las preguntas que se harán a los testigos. A diferencia de las posiciones de la confesional, que son "cerradas" por solo poderse elaborar para ser respondidas de manera afirmativa o negativa, estas preguntas deben ser "abiertas", pues no deben contener la descripción detallada de los hechos a que se refieran, ya que a quien corresponde hacer esta descripción es a los testigos[134]. Así, deben estar formuladas de tal forma, que permitan al testigo dar cuenta de lo que sabe y le consta a través de los sentidos.

Aun cuando los artículos 360 y 368 del código adjetivo de la Ciudad de México[135] establecen que se podrán presentar interrogatorios escritos para examinar a los testigos, lo usualmente utilizado en el tribunal, lo es que las preguntas sean formuladas directa y verbalmente por las partes.

Con respecto a las preguntas se dispone lo siguiente:

a) Deberán tener relación directa con los puntos controvertidos.
b) No deberán ser contrarias al derecho o a la moral.

---

[134] Ovalle Favela, José, *Derecho procesal civil*, novena edición, *op. cit.*, p. 172.

[135] Al respecto, ver artículo 1263 del Código de Comercio.

c) Deberán estar concebidas en términos claros y precisos.
d) Se procurará que contengan un solo hecho.
e) No deberá tener inserta la respuesta dentro de la misma pregunta.

En caso de desestimación de las preguntas, es decir, que no sea aprobada por el tribunal para ser formulada al testigo, procederá apelación en efecto devolutivo de tramitación conjunta con la que se formule contra de la sentencia definitiva.

e) Desahogo

En cuanto a la forma de desahogarse la testimonial, el procedimiento es el siguiente[136]:

i. En presencia de las partes que concurrieren, se toma al testigo la protesta de conducirse con verdad y se le advierten las penas en que incurren los testigos falsos.

---

[136] Artículos 363 a 370 del Código de Procedimientos Civiles para la Ciudad de México

ii. Además, se harán constar los siguientes datos del testigo: nombre, edad, estado, domicilio y ocupación; si es pariente por consanguinidad o afinidad y en qué grado, de alguno de los litigantes; si es dependiente o empleado del que lo presente, o tiene con él sociedad o alguna otra relación de intereses; si tiene interés directo o indirecto en el pleito, si es amigo íntimo o enemigo de alguno de los litigantes (esto último es relevante porque de aquí se puede calificar si el testigo rindió su declaración sin intención de beneficiar o perjudicar a la parte que le presentó).

iii. Se procede al examen del testigo, interrogando primero el promovente de la prueba y, después, la contraparte (a través de las denomimadas repreguntas), siguiendo el siguiente procedimento:

- El oferente de la prueba hace la pregunta en voz alta frente al juez (en procedimiento oral) o al Secretario de Acuerdos (procedimiento escrito);
- El funcionario la escucha y si la aprueba, la repite en voz alta dirigiéndose al testigo;

- El testigo responde y se escribe su respuesta en el acta (proceso escrito) o se deja constancia videograbada (proceso oral).

Así entonces, la forma de interrogar se refleja en la siguiente gráfica;

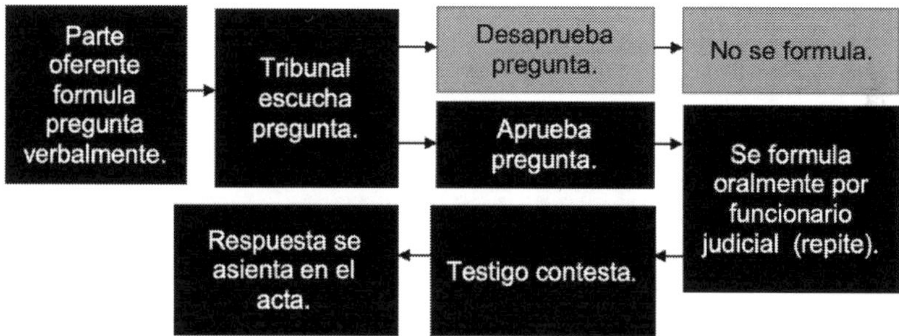

iv. Las respuestas se anotarán de tal forma que tenga incluida la pregunta.

v. Los testigos deberán dar, y el juez exigir, la razón de su dicho. Esto es, la declaración con respecto a la fuente de conocimiento que tienen del hecho o hechos, por ejemplo, si lo presenciaron o lo escucharon.

vi. La declaración se firmará y, hecho esto, no podrá variarse, ni en sustancia, ni en redacción.

Como reglas adicionales encontramos las siguientes:

- Si durante el desahogo el testigo se contradice, es ambiguo o deja de contestar algún punto, las partes pueden pedirle al juez que se le exijan las aclaraciones correspondientes.

- El juez podrá hacer preguntas con respecto a los puntos controvertidos, tanto a los testigos como a las partes, a efecto de aclarar algun aspecto que considerere necesario para el entendimiento del caso.

- Los testigos se examinarán de manera separada y sucesiva, a efecto de que no escuchen las declaraciones los unos de los otros. Para ello, el juez fijará un solo día para que se presenten los testigos y señalará el lugar en que deben permanecer hasta la conclusión de la diligencia. Si resultare imposible terminar el examen de testigos en un día, la diligencia se suspenderá para continuar al día siguiente. Aquí es oportuno señalar que los testigos que se hayan ofrecido respecto de un solo hecho, no podrán ser divididos para declarar en días distintos.

- Si el testigo no supiere el idioma, fuere sordo o ciego, rendirá su declaración por medio de intérprete, nombrado por el juez. Si el testigo lo pidiere y fuere extranjero que no hable castellano, además de asentarse su declaración interpretada, podrá escribirse en su idioma por él o por el intérprete.

En materia mercantil, además, existen las siguientes reglas particulares:

a) Las respuestas del testigo se harán constar en autos de tal forma que, a la vez, se comprenda el sentido de la pregunta formulada. Salvo en casos excepcionales, a juicio del juez, en que permitirá que se escriban textualmente la pregunta y la respuesta.

b) La parte contraria al oferente decidirá, a su perjuicio, si la prueba testimonial se divide, permitiendo que se examine a un testigo sin que haya comparecido alguno con el que esté relacionado el examinado.

Transcribimos la siguiente tesis que nos ayuda a mejorar la comprensión del tema:

PRUEBA TESTIMONIAL. EL PRINCIPIO DE INMEDIATEZ ES APLICABLE SIN IMPORTAR LA CATEGORÍA EN LA CUAL SE PRETENDA CLASIFICAR AL TESTIGO. A juicio de esta Primera Sala de la Suprema Corte de Justicia de la Nación, cuando se lleva a cabo el desahogo de una prueba testimonial, el órgano jurisdiccional debe valorar las características y circunstancias que concurren en cada testigo, prestando especial atención a la manera en que narra lo que presenció, para así valorar si las manifestaciones son verosímiles. Por lo tanto, en la valoración de los testimonios se deben tomar en consideración las reglas de la lógica en relación con las condiciones en que se produjo la percepción por parte del testigo (factores físicos), así como si existe algún interés que pueda influir sobre su voluntad u otra circunstancia que influyendo en su ánimo lo pueda apartar, consciente o inconscientemente, de la verdad (factores psicológicos). Dicha valoración no sólo ha de extenderse a tales características o circunstancias, sino que también debe realizarse un ejercicio de confrontación con las declaraciones de otros testigos y, en caso de que no sea la primera declaración del testigo, es importante comparar tales manifestaciones con las que hubiese realizado con anterioridad. Ello es así, pues por regla general se tendrá que dar mayor crédito a la primera declaración de una persona, sin que ello implique una regla estricta o que no admita solución en contrario, ya que la determinación que se haga en el caso en concreto, dependerá del análisis que el juzgador realice de las circunstancias que de forma particular concurran en el asunto, a lo cual se le conoce como principio de inmediatez. El análisis antes señalado deberá realizarse sin importar la categoría en la que se pretenda clasificar al testigo (de cargo, de descargo, presencial, de referencia, etcétera), pues sostener la postura contraria implicaría caer en el absurdo de que la declaración de un testigo se encuentra exenta de un análisis de razonabilidad debido a una categoría asignada por el propio órgano jurisdiccional, lo cual violentaría el marco constitucional, en el sentido de que una determinación de culpabilidad debe partir de forma necesaria e indispensable de una plena convicción del juzgador al respecto[137].

f) Procedimiento de tachas

Como hemos visto, tanto el artículo 363 del Código de Procedimientos Civiles para la Ciudad de México, como el 1265 del Código de Comercio prevén que el testigo, después de rendir protesta, debe manifestar si es pariente por consanguinidad o afinidad y en qué grado, de alguno de los litigantes, así como si es dependiente o empleado del que lo presentó, o tiene con él sociedad u otra relación de intereses. Además, deberá indicar si tiene interés directo o indirecto en el pleito, así como si es amigo íntimo o enemigo de alguna de las partes.

La única exigencia por parte de los citados ordenamientos es que se declaren estas circunstancias. En caso de que se incumpliere tal exigencia y se trate de circunstancias que puedan afectar la credibilidad del testigo, la parte que no presentó al testigo, estará en aptitud de promover un

---

137 Tesis: 1a. CCLXXXVIII/2013 (10a.), Semanario Judicial de la Federación y su Gaceta, Décima Época, Primera Sala, Libro XXV, Octubre de 2013, Tomo 2. Pág. 1060.

incidente de "tachas" para probar la existencia de dichas circunstancias. En la práctica forense, se denominan 'tachas' (de tachar) a las circunstancias que pueden afectar la credibilidad de un testigo[138].

Por su parte, Escriche establece que se llaman tachas a los vicios o defectos que invalidan o disminuyen la fuerza probatoria de las declaraciones de los testigos en quienes concurren[139].

Con respecto a ello, el código procesal de la Ciudad de México establece en su artículo 371 que es posible para las partes atacar el dicho de un testigo por cualquier circunstancia que, en su concepto, afecte su credibilidad y, siempre que, esta no haya sido expresada en las declaraciones del testigo.

Con respecto al momento en que puede hacerse lo comentado, nuestro derecho establece dos posibilidades: *(i)* en el acto del examen del testigo y, *(ii)* dentro de los

---

138 Ovalle Favela, José, *Derecho procesal civil*, novena edición, *op. cit.*, p. 170.

139 Escriche, según Mateos Alarcón, Manuel, *op. cit.*, p. 273.

tres días siguientes a que haya rendido su declaración. En cuanto a la tramitación, la petición de tachas se substanciará de manera incidental.

Además, el artículo 372 del código adjetivo civil ordena que no será admisible la prueba testimonial para tachar a los testigos que hayan declarado.

El Código de Comercio, a su vez, cuenta con una regulación del incidente de tachas, en sus artículos 1307 a 1320, de los cuales destacamos lo siguiente:

a) Dentro de los tres días que sigan a la declaración de los testigos, podrán las partes tachar a los testigos por causas que éstos no hayan expresado en sus declaraciones. Después de tal término, no se admitirá ninguna solicitud de tachas.
a) Si el testigo tiene el mismo vínculo con ambas partes, no será tachable. Por ejemplo, si es madre tanto del actor como del demandado. Tampoco será tachable si ambas partes lo presentaron como testigo.
b) La petición de tachas se hará en forma de incidente.
c) No se admitirá la testimonial para tachar a los testigos que hayan declarado en el incidente de tachas.

d) Las tachas deben versar sobre las personas de los testigos, no sobre los vicios en los dichos o en la forma de las declaraciones.

e) Las tachas se calificarán en la sentencia definitiva.

Aportamos aquí la siguiente tesis relacionada:

TACHAS DE TESTIGOS, INCIDENTE DE. LA OMISIÓN DE SU INTERPOSICIÓN NO OBLIGA AL JUZGADOR A OTORGARLE FUERZA PROBATORIA A LA TESTIMONIAL (LEGISLACIÓN DEL ESTADO DE CHIAPAS)[140]. Es principio general de la hermenéutica jurídica, el que las normas integrantes del sistema legal mexicano deben interpretarse en forma tal que, sin excluirse, se complementen unas con otras; de esta forma, si el artículo 376 del Código de Procedimientos Civiles del Estado de Chiapas estatuye: "Los testigos están obligados a dar la razón de su dicho y el Juez deberá exigirla en todo caso.", en tanto que el numeral 378 del mismo cuerpo de

---

[140] Registro digital: 193196. Instancia: Tribunales Colegiados de Circuito. Novena Época. Materias(s): Civil. Tesis: XX.1o.179 C. Fuente: Semanario Judicial de la Federación y su Gaceta. Tomo X, Octubre de 1999, página 1351.Tipo: Tesis Aislada.

leyes en consulta prevé: "En el acto del examen de un testigo o dentro de los tres días siguientes, pueden las partes atacar al dicho de aquél por cualquier circunstancia que en su concepto afecte su credibilidad, cuando esa circunstancia no haya sido ya expresada en sus declaraciones. La petición de tachas se sustanciará en forma de incidente, por cuaderno separado, y su resolución se reservará para la definitiva.", mientras que el imperativo 406 del propio cuerpo normativo dice: "El dictamen de peritos y la prueba testimonial serán valorizados según el prudente arbitrio del Juez.", no queda sino concluir en base a la interpretación sistemática de esos numerales, que en realidad la intención del legislador fue dejar la justipreciación de la prueba testimonial al prudente arbitrio del órgano jurisdiccional quien, por tanto, podrá negar valor a dicha probanza cuando, como en el caso, los deponentes incumplan con la obligación taxativa impuesta por el normativo 376 aludido, al margen de que el litigante a quien pudieran perjudicarle esos testimonios omita plantear el incidente de tachas respectivo, pues amén de que la ley le otorga una facultad potestativa para hacerlo, su omisión en modo alguno implica que acepte su contenido y deba pasar por él como verdad legal ni, menos aún, ello constriñe al juzgador a otorgarle fuerza probatoria a dicha testimonial.

C. La Prueba Documental o Instrumental

La *prueba documental* está sujeta a un viejo principio general del derecho que dice: "No hay mejor testigo que el papel escrito", y por consiguiente, una de las pruebas con mayor trascendencia en el derecho probatorio, lo es la prueba documental.

A efecto de definir esta clase de medio probatorio, consideramos conveniente la transcripción de la siguiente tesis aislada:

PRUEBA DOCUMENTAL. CONCEPTO. Documento es toda cosa que sea producto de un acto humano perceptible con los sentidos de la vista y el tacto, que sirve de prueba histórica indirecta y representativa de un hecho cualquiera. Puede ser declarativo-representativo cuando contenga una declaración de quien lo crea u otorga o simplemente lo suscribe, como en el caso de los escritos públicos o privados, pero puede ser solamente representativo (no declarativo), cuando no contenga ninguna declaración, como ocurre en los planos, cuadros o fotografías; de ahí que el documento no es siempre un escrito. La raíz etimológica ratifica su carácter representativo, porque la voz documento deriva del vocablo docere que significa enseñar o hacer conocer. Por lo que la prueba documental es aquel medio de convicción por el cual una de las partes en litigio se sirve para demostrar un hecho que se encuentra vinculado a las cuestiones controvertidas en el procedimiento de referencia[141].

Como podemos desprender del criterio citado, todo documento, para ser considerado como tal, debe tener la cualidad de 'representar'. Además, se ha considerado, que debe tener la característica de ser un bien mueble, a efecto de que pueda ser llevado al juzgado. En este orden de ideas, Ovalle Favela lo ha definido como *todo objeto mueble apto para representar un hecho*[142].

---

141 Semanario Judicial de la Federación, novena época, tribunales colegiados de circuito, tomo XVII, febrero de 2003, pág. 1118, tesis aislada (común). Consulta electrónica ius. "PRUEBA DOCUMENTAL. CONCEPTO".

142 Ovalle Favela, José, *Derecho procesal civil*, novena edición, *op. cit.*, p. 154.

De lo anterior se colige que los documentos no se limitan a los medios que representan algo a través de la escritura, sino, también, los que lo hacen de cualquier otra manera, como las videograbaciones, fotografías, audios, etc.

El Código de Procedimientos Civiles para la Ciudad de México divide a las pruebas documentales en dos apartados diversos, a saber, por un lado 'las fotografías, copias fotostáticas y demás elementos' y, por otro, 'las pruebas instrumentales'.

Con respecto a 'las fotografías, copias fotostáticas y demás elementos' como lo refiere el ordnamiento procesal, dispone que las partes podrán presentar como prueba fotografías (comprendiendo dentro del primero de los términos a las cintas cinematográficas, videos, transparencias y cualquier otra producción fotográfica), copias fotostáticas, registros dactiloscópicos, fonográficos, puertos USB, Código Qr y demás elementos que produzcan convicción en el ánimo del juez. Se incluyen también los escritos y notas taquigráficas.

Cuando las partes opten por el ofrecimiento de esta clase de documentos, el código exige que quien los presente debe suministrar al tribunal los aparatos o elementos necesarios para apreciar el valor de los registros y reproducirse, en su caso, los sonidos y figuras. En este sentido, el oferente debe acompañar los medios para que pueda recibir el juzgador la información del medio de prueba. Por ejemplo, si fuere alguna información que se enuentra en un puerto USB, deberá acompañarse una computadora compatible para su apertura. Si fuera un audio, el aparato reproductor de sonido, etc. En este tenor, el tribunal en audiencia desahogará la información y se hará registro en acta de lo sucedido en proceso escrito, o en video, en caso de proceso oral.

En caso de los escritos y notas taquigráficas[143], se deben acompañar su traducción, especificando exactamente el sistema taquigráfico empleado (técnicamente muerta a esta fecha el uso de taquigrafía).

---

[143] Taquigrafía, es el Arte-Ciencia de escribir por medio de signos y abreviaturas gráficas, tan rápido como se habla. Se usaba en la época en que las personas le dictaban a una secretaria un documento y ésta, para ir a la velocidad de lo dicho, escribía a base de signos.

Aportamos aquí reciente criterio jurisprudencial que abona lo que hemos comentado:

FACTURAS. LA INFORMACIÓN GENERADA O COMUNICADA QUE CONSTE EN MEDIOS ELECTRÓNICOS, ÓPTICOS O EN CUALQUIER OTRA TECNOLOGÍA, OBTENIDA A TRAVÉS DEL CÓDIGO QR QUE AQUÉLLAS CONTIENEN, SE RECONOCE COMO PRUEBA PLENA.[144] De los artículos 29 y 29-A del Código Fiscal de la Federación, se advierte la exigencia de expedir las facturas en los formatos autorizados por la Secretaría de Hacienda y Crédito Público (SHCP) y que se consigne en ellos el nombre del comerciante o prestador de servicios, la fecha de expedición, un número de folio consecutivo, datos del

---

[144] Tercer Tribunal Colegiado en Materia Civil del Primer Circuito. Amparo directo 697/2019. Emilio Alvarado Escamilla. 2 de octubre de 2019. Unanimidad de votos. Ponente: Víctor Francisco Mota Cienfuegos. Secretario: José Francisco Díaz Estúa Avelino. Registro digital: 2024497. Instancia: Tribunales Colegiados de Circuito. Undécima Época. Materia(s): Civil. Tesis: I.3o.C.467 C (10a.). Fuente: Gaceta del Semanario Judicial de la Federación. Libro 12, Abril de 2022, Tomo IV, página 2726. Tipo: Aislada. Esta tesis se publicó el viernes 22 de abril de 2022 a las 10:26 horas en el Semanario Judicial de la Federación.

expedidor y del cliente, incluido el Registro Federal de Contribuyentes (RFC) de ambos, relación de las mercancías o servicios, su importe unitario y total, entre otros. Por tanto, su contenido adquiere una fuerza indiciaria de mayor peso específico que la de otros documentos privados simples, al compartir algunas características con los documentos públicos. En ese orden de ideas, las facturas atribuidas a cierto comerciante se presumen provenientes de él, salvo prueba en contrario, como sería el caso de la falsificación o sustracción indebida. Así, respecto del cliente, partiendo del principio de que el documento proviene del proveedor y que a nadie le es lícito constituirse por sí el título o documento del propio derecho, se exige la aceptación por el comprador, para que haga fe en su contra, de modo que sin esa aceptación sólo constituye un indicio que requiere ser robustecido con otros elementos de prueba, y en esto se puede dar un sinnúmero de situaciones, verbigracia, el reconocimiento expreso de factura ante el Juez, o de los hechos consignados en ella; el reconocimiento tácito por no controvertirse el documento en el juicio la firma de la copia de la factura en señal de recepción del original o de las mercancías o servicios que éste ampara, etcétera. Empero cuando no existe tal aceptación, serán necesarios otros elementos para demostrar la vinculación del cliente con la factura, que pueden estar en el propio texto de la factura o fuera de ella. Así, si la firma de recibido proviene de otra persona, es preciso demostrar la conexión de ésta con el cliente, como dependiente o factor, apoderado, representante o autorizado para recibir la mercancía. Por otra parte, dentro de ciertas facturas aparecen algunos metadatos, que son "datos acerca de los datos" y sirven para suministrar información sobre las referencias producidas, los que consisten en noticias que describen el contenido, calidad, condiciones, historia, disponibilidad y otras características de los datos. Así, por ejemplo, tenemos que el Registro Federal de Contribuyentes, tanto del cliente como de la emisora de la factura, aporta información adicional, esto es, al remitirse a la inscripción del registro aparece la cédula de identificación fiscal a nombre y denominación o razón social de la que se desprende la actividad comercial y si se encuentra activa. De tal suerte que el valor probatorio del documento fiscal se refuerza al adminicular esa información con el código QR (del inglés Quick Response Code o código de respuesta rápida), que es la evolución del código de barras, que consiste en un módulo para almacenar información en una matriz de puntos o en un código de barras bidimensional, lo que lleva a inferir que la factura es un documento auténtico. Esto es así, porque al escanear dicho código (con un aparato de telefonía celular), remite al portal del Servicio de Administración Tributaria (SAT) en donde aparecen, precisamente, los datos del emisor. De lo que se colige que el documento fiscal es original, porque aporta más datos de los que se pueden conocer a través de los sentidos humanos como lo es el código QR, que requiere un componente tecnológico para poder descifrarlo, que al escanear dicho código, aporta datos que no son comprensibles en forma directa a través de la percepción de los sentidos; factores que no solamente demuestran la literalidad del documento, sino que dentro de éste aparecen otros elementos que no pueden leerse a simple vista, pero que contienen información fidedigna de los datos que ampara, que puede ser traducida fácilmente con el empleo de los componentes tecnológicos como celulares digitales y páginas de Internet, de tal suerte que el código QR, una vez escaneado, remite al centro de verificación de comprobantes fiscales del Servicio de Administración Tributaria (SAT), en donde aparecen ciertos datos que concuerdan con la factura, como lo son el folio fiscal, el Registro Federal de Contribuyentes de ambas partes, así como la fecha de expedición. Aunado a que el portal de verificación de los comprobantes fiscales se encuentra bajo el control de la entidad pública mencionada, que es la encargada de vigilar y fiscalizar las operaciones mercantiles, por lo que en la actualidad, con el código QR ya no se puede dudar de la legitimidad de las facturas, pues con los avances tecnológicos, las facturas con cadena original y su respectivo código, son documentos con matriz. En esa tesitura, en el mundo de la cibernética existen todo tipo de herramientas, entre las que se encuentra aquella que representa un esquema simplificado para la visualización de la secuencia de un conjunto de transacciones denominado Matriz de Documentación de Datos (MDD), cuya finalidad es el análisis comparativo, integrado y secuencial de cada uno de los datos que se componen de las transacciones. Así, la MDD analiza el contenido de cada una de esas transacciones desde una perspectiva global, integrada y sistematizada, para asegurar una mayor consistencia y correspondencia de las futuras bases de datos a los fines de optimizar los indicadores de gestión y el diagnóstico organizacional. Instrumento que en la actualidad es necesario para un adecuado desarrollo de los diferentes sistemas de gestión administrativa, ya que el valor que agrega la utilización de la MDD es mejorar los indicadores de la actividad empresarial entre los datos y los sistemas de información. El trabajo de investigación realizado demuestra que si bien las empresas se han modernizado tecnológicamente, las estructuras de pensamiento han seguido operando dentro del esquema anterior. El rol del especialista en sistemas no debería ser únicamente atender los requerimientos de los usuarios (que es uno de los paradigmas aún vigentes), sino que debería tomar un papel proactivo y transformarse en un generador de los necesarios procesos de cambio, mientras que el rol del analista de gestión debería tender a revalorizar las bases de datos como fuente primaria en la generación de la información; de ahí la importancia de los QR, que constituyen la evolución de los códigos de barras que sirven para almacenar información en una matriz de puntos o mejor dicho, un código de barras bidimensional que se enlaza a un sitio web, que en este caso es al Servicio de Administración Tributaria (SAT), que proporcionará los datos que aparecen en la factura, de lo que se colige que la información puede obtenerse de dos sitios, uno el que aparece en la misma factura (papel) y otro dato que se obtiene de la página del SAT, que es el lugar a donde remitió el código QR, lo que proporciona mayor certeza de las operaciones mercantiles. En otro orden de ideas, anteriormente las facturas no contaban con cadena original, ni sello o firma digital, pero de conformidad con el artículo 210-A del Código Federal de Procedimientos Civiles, se reconoce como prueba la información generada o comunicada que conste en medios electrónicos, ópticos o en cualquier otra tecnología y para valorar la fuerza probatoria de la información, se estimará primordialmente la fiabilidad del método en que haya sido generada, comunicada, recibida o archivada y, en su caso, si es posible atribuir a las personas obligadas el contenido de la información relativa y ser accesible para su ulterior consulta. En congruencia con ello, si el documento electrónico, por ejemplo, una factura, cuenta con cadena original, sello o firma digital o código QR, dichos elementos generan convicción en cuanto a su autenticidad, por lo que su eficacia probatoria es plena y, por ende, queda a cargo de quien lo objete aportar las pruebas necesarias o agotar los medios pertinentes para desvirtuarla.

En segundo lugar, el código adjetivo en comento, al regular a las pruebas instrumentales se refiere a documentos que contienen escritura y de ahí que sean documentos públicos y documentos privados[145]. Comenzaremos con el estudio de los primeros.

a) Documentos públicos

El documento de esta clase ha sido definido por Arellano García en los siguientes términos: "*Documento público es aquel documento procedente de un representante de un órgano de autoridad estatal o de un fedatario público, que ha expedido constancia escrita, dentro de las facultades otorgadas legalmente para actuar y para expedir documentos y con los requisitos de forma establecidos legalmente*" [146].

---

[145] Recordemos que el Código de Comercio, de igual forma, admite ambas clasificaciones. Artículo 1205.- Son admisibles como medios de prueba todos aquellos elementos que puedan producir convicción en el ánimo del juzgador acerca de los hechos controvertidos o dudosos y en consecuencia serán tomadas como pruebas las declaraciones de las partes, terceros, peritos, documentos públicos o privados, inspección judicial, fotografías, facsímiles, cintas cinematográficas, de videos, de sonido, mensajes de datos, reconstrucciones de hechos y en general cualquier otra similar u objeto que sirva para averiguar la verdad.

[146] Arellano García, Carlos, *Derecho Procesal Civil*, *op. cit.*, p. 211.

Conforme al Código de Procedimientos Civiles para la Ciudad de México, son documentos públicos los referidos en su numeral 327, a saber:

I.- Las escrituras públicas, pólizas y actas otorgadas ante notario o corredor público y los testimonios y copias certificadas de dichos documentos;
II.- Los documentos auténticos e informes expedidos por funcionarios que desempeñen cargo público, en lo que se refiere al ejercicio de sus funciones;
III.- Los documentos auténticos, libros de actas, estatutos, registros y catastros que se hallen en los archivos públicos, o los dependientes del Gobierno Federal, de los Estados o del Distrito Federal;
IV.- Las certificaciones de las actas del estado civil expedidas por los Jueces del Registro Civil, respecto a constancias existentes en los libros correspondientes;
V.- Las certificaciones de constancias existentes en los archivos públicos expedidas por funcionarios a quienes competa;
VI.- Las certificaciones de constancias existentes en los archivos parroquiales y que se refieran a actos pasados antes del establecimiento del Registro Civil, siempre que

fueren cotejadas por notario público o quien haga sus veces con arreglo a derecho;
VII.- Las ordenanzas, estatutos, reglamentos y actas de sociedades o asociaciones, universidades, siempre que estuvieren aprobadas por el Gobierno General o de los Estados, y las copias certificadas que de ella se expidieren;
VIII.- Las actuaciones judiciales de toda especie;
IX.- Las certificaciones que expidieren las bolsas mercantiles o mineras autorizadas por la ley y las expedidas por corredores titulados con arreglo al Código de Comercio;
X.- Los convenios emanados del procedimiento de mediación que cumplan con los requisitos previstos en la Ley de Justicia Alternativa del Tribunal Superior de Justicia para el Distrito Federal, y
XI.- Los demás a los que se les reconozca ese carácter por la Ley.

Como puede advertirse de la disposición transcrita, los documentos públicos pueden clasificarse como sigue[147]:

---

[147] Ovalle Favela, José, *Derecho procesal civil*, novena edición, *op. cit.*, pp. 155 a 157.

Actuaciones judiciales	Todos los actos jurídicos realizados por el tribunal dentro del proceso, de los que queda constancia en el expediente respectivo. Las que aparezcan en el expediente del mismo juicio, se tomarán como prueba aunque no se ofrezcan[148].
Documentos notariales	Estos instrumentos públicos originales pueden ser escrituras o actas[149]. Agregamos a este los

[148] Artículo 296.- Los documentos que ya se exhibieron antes del período probatorio y las constancias de autos se tomarán como prueba, aunque no se ofrezcan.

[149] La Ley de Notariado de la Ciudad de México define tales instrumentos de la siguiente manera: Artículo 128.- Acta Notarial es el instrumento público original en soporte físico o electrónico en el que el Notario, a solicitud de parte interesada, para hacer constar bajo su fe, relaciona uno o varios hechos presenciados por él o que le consten, y que asienta en los folios del protocolo ordinario o aloja en el protocolo digital a su cargo con la autorización de su firma y sello o su Firma Electrónica Notarial, según el protocolo en que esté actuando. Para este efecto el Notario gozará de plena libertad de apreciación. Artículo 101.- La Escritura es el instrumento público físico o electrónico original que el Notario asienta en los folios o aloja en el protocolo digital, para hacer constar uno o más actos jurídicos y que firmado ya sea en forma autógrafa o mediante la Firma

	instrumentos emitidos por corredores públicos, mismos que pueden ser pólizas o actas[150]. Así como los convenios suscritos ante Mediador Público o Privado.
Documentos administrativos	Documentos expedidos por funcionarios públicos en ejercicio de sus atribuciones legales.
Constancias registrales	Documentos expedidos por dependencias encargadas de llevar el registro de determinados actos o hechos jurídicos, por ejemplo, el Registro Público de la Propiedad y del Comercio y el

Electrónica para la Actuación Digital Notarial por los comparecientes, autoriza con su sello y firma o Firma Electrónica Notarial, según el protocolo en que esté actuando.

[150] La Ley Federal de Correduría Pública, en los primeros dos párrafos del artículo 18 define a dichos instrumentos de la siguiente manera: Póliza es el instrumento redactado por el corredor para hacer constar en él un acto jurídico, convenio o contrato mercantil en el que esté autorizado a intervenir como fedatario. Acta es la relación escrita de un hecho jurídico de naturaleza mercantil.

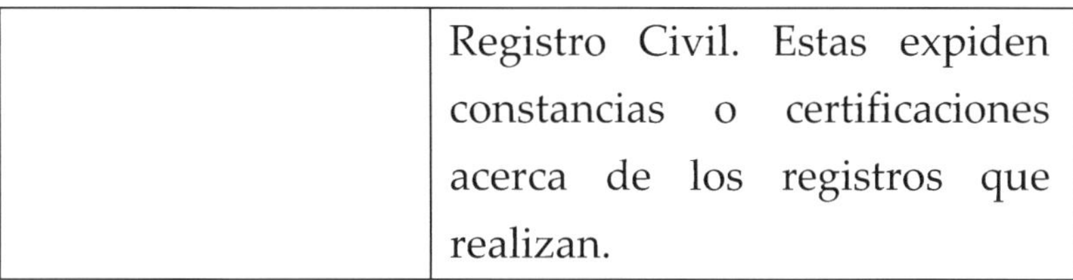

	Registro Civil. Estas expiden constancias o certificaciones acerca de los registros que realizan.

El artículo 1237 del Código de Comercio establece que son instrumentos públicos los considerados como tales en las leyes comunes y, además, las pólizas de contratos mercantiles celebrados con intervención de corredor[151] y autorizados por éste.

Desarrollemos un poco los conceptos señalados:

Las Actuaciones Judiciales también denominadas 'Instrumental de Actuaciones' son los actos jurídicos realizados por el tribunal dentro de un procedimiento judicial del que, conforme a las leyes, es competente para conocer de él. Las actuaciones judiciales se integran de la demanda (solo puede iniciarse un juicio mediante la presentación de una demanda), las resoluciones dictadas

[151] El Corredor Público de acuerdo a la Ley de Correduría Pública solo puede llevar a cabo sus funciones de fedatario, en hechos y actos de comercio.

por el tribunal[152], los demás escritos que ambas partes vayan ingresando al tribunal respecto del caso que se debate, además de lo que ingreses al expediente judicial los terceros y demás interesados y auxiliares que tengan que intervenir en los procedimientos. Esta actuación judicial en la jerga procesal es denominada como 'expediente judicial' que se identifica por el apellido de la parte actora (si es persona física) o el nombre de la persona moral y se le asigna un número de expediente que le seguirá en toda la vida del expediente.

---

[152] Las resoluciones emanadas del tribunal son: (i) Simples determinaciones de trámite y entonces se llamarán decretos; (ii) Determinaciones que se ejecuten provisionalmente y que se llaman autos provisionales; (iii) Decisiones que tienen fuerza de definitivas y que impiden o paralizan definitivamente la prosecución del juicio, y se llaman autos definitivos; (iv) Resoluciones que preparan el conocimiento y decisión del negocio ordenando, admitiendo o desechando pruebas, y se llaman autos preparatorios; (v) Decisiones que resuelven un incidente promovido antes o después de dictada la sentencia, que son las sentencias interlocutorias; (vi) sentencias definitivas.

Las actuaciones judiciales deberán ser autorizadas, bajo pena de nulidad, con la firma del juez y del Secretario de Acuerdos que intervienen en el expediente[153].

Las actuaciones judiciales hacen prueba plena, lo que quiere decir que al ser documentales públicas no puede rebatirse lo expresado en ellas en cuanto a su autenticidad. Del valor probatorio se encargará el tribunal de darle su peso específico en el conocimiento de la verdad y el resultado que ello origine. Veamos el siguiente criterio que puede llegar a ser muy ilustrativo:

DERECHO A PROBAR. SU DIMENSIÓN SUSTANCIAL O MATERIAL TRATÁNDOSE DE DOCUMENTALES PÚBLICAS PRECONSTITUIDAS CON VALOR

---

[153] ACTUACIONES JUDICIALES CARENTES DE FIRMA Y/O NOMBRE Y APELLIDO DE QUIENES EN ELLAS INTERVIENEN. AL CARECER DE EFICACIA JURÍDICA, DEBEN DECLARARSE INVÁLIDAS, LO QUE GENERA SU NULIDAD Registro digital: 2008900. Instancia: Tribunales Colegiados de Circuito. Décima Época. Materias(s): Común. Tesis: (IX Región)1o.3 K (10a.). Fuente: Gaceta del Semanario Judicial de la Federación. Libro 17, Abril de 2015, Tomo II, página 1658. Tipo: Tesis Aislada.

PROBATORIO PLENO TASADO EN LA LEY[154]. Desde la perspectiva del análisis de regularidad constitucional de normas generales, una manera ordinaria de examinar el respeto a las formalidades esenciales del procedimiento y, en consecuencia, al derecho de audiencia, consiste en analizar si la ley procesal prevé la posibilidad de que las partes sean llamadas al procedimiento relativo y escuchadas, puedan ofrecer pruebas y alegar de buena prueba, y de que la autoridad emita la resolución correspondiente. Sin embargo, por lo que hace al derecho a probar, tratándose de pruebas documentales públicas preconstituidas con valor pleno tasado en la ley, es posible identificar una dimensión sustancial o material (en oposición a formal o adjetiva) que no se enfoca en que el legislador prevea el trámite procesal respectivo, sino que involucra, entre otras cosas, la condición de que los requisitos formales que el legislador establezca para configurar una prueba documental pública con valor pleno tasado, permitan materialmente desvirtuar en

---

154 Registro digital: 2017888 Instancia: Primera Sala Décima Época Materia(s): Constitucional, Civil Tesis: 1a. CXIII/2018 (10a.) Fuente: Gaceta del Semanario Judicial de la Federación. Libro 58, Septiembre de 2018, Tomo I, página 840. Tipo: Aislada.

juicio la veracidad del contenido del documento, o sea, de lo declarado, realizado u ocurrido ante la presencia del fedatario, por parte de quien es perjudicado con el ofrecimiento de esa prueba. En ese sentido, para afirmar el respeto al derecho de audiencia y a las formalidades esenciales del procedimiento, en la vertiente del derecho a probar, tratándose de pruebas documentales públicas preconstituidas con valor pleno tasado en la ley, no basta con que se permita a una de las partes ofrecerlas para acreditar su pretensión y para desvirtuar las ofrecidas por su contraria, sino que las formalidades previstas por el legislador para configurar la prueba documental pública ofrecida por su contraria, se traduzcan en que la prueba tasada arroje suficientes datos fácticos verificables (o refutables), con la finalidad de hacer materialmente posible desvirtuar en juicio la veracidad de lo declarado, realizado, u ocurrido ante la presencia de un fedatario o autoridad pública.

Ahora bien, estas actuaciones judiciales están sujetas a ciertas reglas, de las que destacamos:

i. Todos los ocursos de las partes y actuaciones judiciales deberán escribirse en español y estar firmados por quienes intervengan en ellos. Cuando alguna de las partes no supiere o no pudiere firmar, impondrá su huella digital, firmando otra persona en su nombre y a su ruego, indicando estas circunstancias. La falta de cumplimiento de los requisitos señalados, dará lugar a que no se obsequie la petición que se contenga en el escrito respectivo;

ii. Los documentos redactados en idioma extranjero deberán acompañarse con la correspondiente traducción al español por perito autorizado por el tribunal para fungir con tal caracter;

iii. En las actuaciones judiciales, las fechas y cantidades se escribirán con letra, y no se emplearán abreviaturas, ni se rasparán las frases equivocadas, sobre las que sólo se pondrá una línea delgada que permita la lectura salvándose al final del documento con toda precisión el error cometido (aun cuando este párrafo es redactado así en el código procesal, lo cierto es que podemos considerarla como 'letra muerta' ya que los tribunales hoy escriben en computadora, con la facilidad de corregir que esto permite);

iv. Las actuaciones judiciales se practicarán en días y horas hábiles. Son días hábiles todos los del año, menos los sábados y domingos, y aquellos que las leyes declaren festivos.

Se entienden horas hábiles[155] las que median desde las siete hasta las diecinueve horas. En los juicios sobre alimentos,impedimentos de matrimonio, servidumbres legales, interdictos posesorios, diferencias domésticas, pérdida de la patria potestad, adopción y los demás que determinen las leyes, no hay días ni horas inhábiles. En los demás casos, el juez puede habilitar los días y horas inhábiles para actuar o para que se practiquen diligencias,

---

[155] ACTUACIONES JUDICIALES. EL JUZGADOR DEBE SEÑALAR EXPRESAMENTE Y NO EN FORMA IMPLÍCITA O TÁCITA LOS MOTIVOS QUE SUSTENTAN LA CAUSA URGENTE PARA HABILITAR DÍAS Y HORAS INHÁBILES, ASÍ COMO LAS DILIGENCIAS QUE DEBERÁN REALIZARSE (ARTÍCULOS 64 DEL CÓDIGO DE PROCEDIMIENTOS CIVILES PARA EL DISTRITO FEDERAL, APLICABLE PARA LA CIUDAD DE MÉXICO, Y 1065 DEL CÓDIGO DE COMERCIO). Registro digital: 2021188. Instancia: Primera Sala. Décima Época. Materias(s): Común, Civil. Tesis: 1a./J. 82/2019 (10a.). Fuente: Gaceta del Semanario Judicial de la Federación. Libro 73, diciembre de 2019, Tomo I, página 197. Tipo: Jurisprudencia. Contradicción de tesis 271/2019.

cuando hubiere causa urgente que lo exija, expresando cuál sea ésta y las diligencias que hayan de practicarse.

v. En ningún caso se entregarán los autos a las partes para que los lleven fuera del tribunal. Las frases "dar vista" o "correr traslado" sólo significan que los autos quedan en la secretaría para que se impongan de ellos los interesados, para que se les entreguen copias, para tomar apuntes, alegar, o glosar cuentas. Las disposiciones de este artículo comprenden al Ministerio Público.

vi. Los autos que se perdieren serán repuestos a costa del que fuere responsable de la pérdida, quien además pagará los daños y perjuicios, quedando sujeto a las disposiciones del Código Penal.

Los Documentos Notariales son aquellos que hacen los Notarios en ejercicio de sus funciones y se encuentran regulados en la Ley del Notariado de cada entidad federativa. Notario es el profesional del Derecho investido de fe pública por el Estado y que tiene a su cargo recibir, interpretar, redactar y dar forma legal a la voluntad de las personas que ante él acuden, y conferir autenticidad y certeza jurídicas a los actos y hechos pasados ante su fe, mediante la consignación de los mismos en instrumentos públicos de su autoría[156].

La función autenticadora de los actos que realizan los Notarios, es la facultad otorgada por la Ley al Notario para que se reconozca como cierto lo que éste asiente en las actas o escrituras públicas que redacte. Este reconocimiento goza de presunción *iuris tantum*, por lo que permite prueba en contrario[157].

Los documentos materia de este apartado se clasifican en:

Escritura: Es el instrumento original que el Notario asienta en los folios, para hacer constar uno o más actos jurídicos y que firmado por los comparecientes, autoriza con su sello y firma. (contratos, hipotecas, testamentos, etc.).

Acta Notarial: Es el instrumento público original en el que el Notario, a solicitud de parte interesada, relaciona, para hacer constar bajo su fe, uno o varios hechos presenciados por él o que le consten, y que asienta en los

---

[156] Art. 44 de la Ley del Notariado para la Ciudad de México.
[157] Art. 27 de la Ley del Notariado de la Ciudad de México.

folios del protocolo a su cargo con la autorización de su firma y sello.

Por cuanto al Corredor Público señalamos que está regulada su función en ley federal denominada Ley Federal de Correduría Pública y su función básica es garantizar la seguridad y certeza jurídica, ejerciendo un control de legalidad en las transacciones comerciales. Así, el Corredor Público no puede actuar en actos o hechos de naturaleza civil. Los documentods en que interviene el Corredor Público son denominados pólizas y actas.

La Póliza es el instrumento redactado por el corredor para hacer constar en él un acto jurídico, convenio o contrato mercantil en el que esté autorizado a intervenir como fedatario[158].

El Acta es la relación escrita de un hecho jurídico de naturaleza mercantil.

---

[158] Art. 18 de la Ley Federal de Correduría Pública.

Al igual que en el caso de los Notarios, los documentos realizados por Corredores Públicos son documentales públicas y por tanto, hacen prueba plena.

Documentos Administrativos: Son los que expiden los funcionarios públicos en cualquiera de sus estratos (federal, local o municipal), en ejercicio de sus funciones. Para ser considerado como documento público y que, por ende, hace prueba plena en juicio, es necesario determinar:

i. Si la persona que firmó el documento o lo expidió, tiene facultades para ello, por lo que habremos de estar a las Leyes Orgánicas de cada entidad; y

ii. Si está en la esfera jurídica de la autoridad, la emisión o realización del acto que se contiene en el documento que es materia de prueba en juicio. En este tenor, la Constitución Política de los Estados Unidos Mexicanos tiene, en su parte Orgánica, bien delimitadas la funciones y esferas competenciales[159].

---

[159] Artículo 124 (constitucional). Las facultades que no están expresamente concedidas por esta Constitución a los funcionarios

Por ello, inclusive, el artículo 103 de la propia Constitución Política permite utilizar el juicio de Amparo para combatir la invasión de esferas en los tres ámbitos del Poder Público, siendo la Suprema Corte de Justicia de la Nación trabajando en Pleno, el órgano jurisdiccional competente.

Reuniendo los requisitos citados, el documento es considerado como prueba plena. *Contrario sensu* podemos señalar que el documento que no esté expedido por el funcionario habilitado o que expida en ausencia de cumplimiento de su esfera, será solamente un indicio similar al documento privado.

Constancias Registrales. Son los que expiden los institutos de función registral o registros públicos, de cada demarcación territorial. Toda acta emitida que contenga registro, al ser emanada de autoridad competente *per se*, se convierte en documento público y si además contiene una constancia de registro (nacimiento,

---

federales, se entienden reservadas a los Estados o a la Ciudad de México, en los ámbitos de sus respectivas competencias.

matrimonio, defunción o de actos relacionados con inmuebles o muebles), entra en la clasificación que se cita.

Convenios de Mediación. Ya analizamos en el apartado de 'litigio-autocomposición' a la mediación como un medio alternativo de solventar los conflictos. Ahora bien, reiteramos aquí que por disposición del artículo 327 fracción X del Código de Procedimientos Civiles, los convenios suscritos ante Mediador Público o Privado además de equipararse a sentencia ejecutoria, son documentos públicos que hacen prueba plena de su contenido.

Lo más relevante de los documentos públicos, conforme a los artículos 403 del Código de Procedimientos Civiles para la Ciudad de México y 1292 del Código de Comercio, es que estos hacen prueba plena; esto quiere decir, que no está sujeto el contenido de documento a duda (salvo que se alegue alteración).

Al respecto del tema de documentos públicos, podemos referirnos a la siguiente tesis aislada:

DOCUMENTOS PÚBLICOS. SU VALOR Y EFICACIA PROBATORIOS EN RELACION CON SU PRESENTANTE. Si bien es cierto que los documentos públicos tienen valor probatorio pleno, también lo es que ellos no necesariamente les otorgan alcance o eficacia demostrativa para acreditar el hecho o hechos que se pretenden comprobar, de manera que aunque su valor sea pleno, puede no ser suficiente para crear convicción sobre el punto o cuestiones que están sujetas a prueba. Esto es así, porque un documento público hace fe de la certeza de su contenido, pero si éste pretende desvirtuarse, debe objetarse el documento y probarse la objeción, para así destruir la certeza que recae sobre lo asentado en esa documental. Asimismo, es cierto que los documentos presentados en juicio por las partes prueban plenamente en su contra, aunque no los reconozcan, pero eso no implica que no acepten prueba en contrario, y que por tanto, indefectiblemente deba concedérseles plena eficacia demostrativa contra quien los presentó, ya que sus alcances demostrativos quedan a expensas de la ponderación de todo el materia probatorio, pudiéndose llegar a la convicción de que aunque inicialmente probaban plenamente en contra de su presentante, al final su contenido quedó desvirtuado totalmente o parcialmente con otras probanzas aportadas al juicio.[160]

b) Documentos privados

Ahora nos referimos a los documentos privados, que son: *"los escritos que consignan hechos o actos jurídicos realizados entre particulares. La característica esencial de estos escritos es precisamente la ausencia de la intervención de una autoridad o de un fedatario en el momento de su otorgamiento"*[161].

Al respecto de estos, el código procesal de la Ciudad de México señala en el artículo 334 que son documentos privados los vales, pagarés, libros de cuentas, cartas y demás escritos firmados o formados por las partes y que no estén autorizados por escribano o funcionario competente. Asimismo, se reputan privados aquellos que

---

[160] Tesis: VI.2o.C.289 K, Semanario Judicial de la Federación y su Gaceta, Novena Época, Tribunales Colegiados de Circuito, Tomo XXIX, Enero de 2009, Pag. 2689.

[161] Becera Bautista José, *El Proceso Civil en México, op. cit.*, p. 143.

provengan de terceros y que el código en comento no reconozca como públicos lo siguiente[162]:

En este orden, de una manera simplista podemos afirmar que todos los documentos no considerados como públicos, serán privados. Como señalamos, los documentos públicos hacen prueba plena; en contraposición, los documentos privados no. Es decir, no son suficientes por sí solos para demostrar de manera plena lo que en ellos se contiene. A efecto de incrementar su valor probatorio o perfeccionarse, tiene que haber un reconocimiento de los mismos o bien, no ser objetados por la contraparte.

Al respecto, el Código de Procedimientos Civiles para la Ciudad de México establece[163] en el numeral 338 establece que en el reconocimiento de documentos se observará lo

---

[162] Por su parte, el Código de comercio señala: Artículo 1238.- Documento privado es cualquiera otro no comprendido en lo que dispone el artículo anterior.

[163] El Código de Comercio establece: Artículo 1244.- En el reconocimiento se observará lo dispuesto en los arts. 1217 a 1219, 1221 y 1287, fracs. I y II.

dispuesto en los artículos 310, 317 y 322[164]. Así, se hacen extensivas al reconocimiento algunas de las reglas de la

---

[164] Artículo 310.- Las personas físicas que sean parte en juicio, sólo están obligadas a absolver posiciones personalmente, cuando así lo exija el que las articula, y desde el ofrecimiento de la prueba se señale la necesidad de que la absolución deba realizarse de modo estrictamente personal, y existan hechos concretos en la demanda o contestación que justifiquen dicha exigencia, la que será calificada por el tribunal para así ordenar su recepción. Sin perjuicio de lo señalado en el párrafo anterior, el mandatario o representante que comparezca a absolver posiciones por alguna de las partes, forzosamente será conocedor de todos los hechos controvertidos propios de su mandante o representado, y no podrá manifestar desconocer los hechos propios de aquél por quien absuelve, ni podrá manifestar que ignora la respuesta o contestar con evasivas, ni mucho menos negarse a contestar o abstenerse de responder de modo categórico en forma afirmativa o negativa, pues de hacerlo así se le declarará confeso de las posiciones que calificadas de legales se le formulen. El que comparezca a absolver posiciones después de contestar afirmativa o negativamente, podrá agregar lo que a su interés convenga. Tratándose de personas morales, la absolución de posiciones siempre se llevará a efecto por apoderado o representante, con facultades para absolver, sin que se pueda exigir que el desahogo de la confesional se lleve a cabo por apoderado o representante específico. En este caso, también será aplicable lo que se ordena en el párrafo anterior. Artículo 317.- La parte que promovió la prueba puede formular, oral o directamente, posiciones al absolvente. Artículo 322.- El que deba absolver posiciones será declarado confeso: 1º. Cuando se abstenga sin justa causa de comparecer cuando fue citado para hacerlo, en cuyo caso la declaración se hará de oficio, siempre y cuando se encuentre exhibido con anterioridad al desahogo de la prueba el pliego de

prueba confesional. Por otro lado, existen dos clases de reconocimiento de documentos:

i. Reconocimiento expreso.

Con respecto a esta clase de reconocimiento, la parte final del artículo 335 del código en comento establece la posibilidad de exigir el reconocimiento expreso de un documento, si el que lo presenta así lo solicita. Para tal efecto, se manifestarán los originales a quien deba reconocerlo y se le dejará ver todo el documento, no sólo la firma[165].

---

posiciones; 2º. Cuando se niegue a declarar; 3º. Cuando al hacerlo insista en no responder afirmativa o negativamente. En el primer caso, el juez abrirá el pliego y calificará las posiciones antes de hacer la declaración.

165 Por su parte, el Código de Comercio dispone: Artículo 1241 última parte.- Puede exigirse el reconocimiento expreso si el que los presenta así lo pidiere; con este objeto se manifestarán los originales a quien deba reconocerlos y se le dejará ver todo el documento, no sólo la firma.

Ahora cabe preguntarnos, ¿quién puede reconocer un documento? El numeral 339 del ordenamiento en cita nos da la respuesta y señala[166]:

Artículo 339.- Sólo pueden reconocer un documento privado el que lo firma, el que lo manda extender o el legítimo representante de ellos con poder o cláusula especial. Se exceptúan los casos previstos en los artículos 1543 y 1545[167] del Código Civil.

Aquí referiremos que, primero, el reconocimiento de documento solo puede hacerse sobre un documento auténtico u original. De tal manera que no es dable pedirlo sobre copia simple o copia certificada.

Además, solo quién firma el documento lo puede reconocer, salvo que sea un caso de mandatario o representante que lo hubiere hecho en representación de

[166] El Código de Comercio señala: Artículo 1245.- Solo pueden reconocer un documento privado, el que lo firma, el que lo manda extender, o el legítimo representante de ellos con poder o cláusula especial.

[167] Estos artículos fueron derogados en 2012.

tercero, quién lo ordenó (mandante, poderdante, Gerente, Patrón) deberá comparecer a reconocerlo.

Por ultimo, el reconocimiento no debe ser solo respecto del propio texto del documento, sino que también debe ser de la firma que aparezca en él.

Aun cuando el artículo 1241 del Código de Comercio, conforme a su literalidad anterior a la reforma que sufrió por decreto publicado en el Diario Oficial de la Federación el veinticuatro de mayo de mil novecientos noventa y seis, establecía que: "Los documentos privados y la correspondencia procedentes de uno de los interesados que se presenten por el otro, se reconocerán por aquél para hacer fe.", tal disposición no debe interpretarse de manera aislada, en el sentido de que los documentos privados siempre deban ser reconocidos por sus firmantes para que tengan valor probatorio, sino que debe relacionarse con el diverso numeral 1296 del propio ordenamiento, conforme al cual "Los documentos privados y la correspondencia procedentes de uno de los interesados, presentados en juicio por vía de prueba y no objetados por la parte contraria se tendrán por admitidos y surtirán sus efectos como si hubieren sido reconocidos expresamente. Puede exigirse el reconocimiento expreso si el que los presenta así lo pidiere; con este objeto se manifestarán los originales a quien debe reconocerlos y se le dejará ver todo el documento, no sólo la firma.". De donde se sigue que la objeción a que se refiere este último precepto, es en cuanto a la autenticidad del documento, es decir, que se impugne la firma de quien lo suscribe, puesto que ese aspecto es lo único que se puede lograr disipar con su reconocimiento; por tanto, cuando un documento de esa naturaleza no es objetado en ese sentido, lo cual haría necesario su reconocimiento, sino que su objeción se plantea únicamente respecto a su contenido y alcance probatorio, el mismo debe surtir sus efectos como si se hubiera reconocido expresamente, en términos del invocado artículo 1296, toda vez que lo relativo a su contenido debe desvirtuarse con otros medios de prueba, y respecto a su valor probatorio, sólo al juzgador corresponde determinarlo[168].

---

[168] DOCUMENTOS PRIVADOS. SU VALOR EN MATERIA MERCANTIL CUANDO NO SON OBJETADOS EN CUANTO A SU AUTENTICIDAD. Registro digital: 191714. Instancia: Tribunales Colegiados de Circuito. Novena Época. Materia(s): Civil. Tesis: XI.2o.90 C. Fuente: Semanario Judicial de la Federación y su Gaceta. Tomo XI, Junio de 2000, página 572. Tipo: Aislada.

La finalidad de solicitar el reconocimiento de un documento privado en el proceso es incrementar su valor probatorio, ya que al declarar la parte respecto del contenido y firma del documento en cuestión, se asimila a confesión, misma que, si le perjudica, hará prueba plena en juicio, de los hechos que se busca demostrar.

ii. Reconocimiento tácito.

Por su parte, este tipo de reconocimiento opera cuando el documento privado, presentado en el proceso como medio probatorio, no es objetado en su oportunidad por la parte contraria.

La consecuencia de la no objeción del documento privado será que este se tenga por admitido y surta sus efectos como si hubiera sido reconocido de manera expresa. Así lo dispone el Código de Procedimientos Civiles para la Ciudad de México[169]:

---

[169] Asimismo, el Código de Comercio lo dispone en los siguientes términos: Artículo 1241.- Los documentos privados y la correspondencia procedentes de uno de los interesados, presentados

Artículo 335.- Los documentos privados y la correspondencia procedentes de uno de los interesados, presentados en juicio por vía de prueba y no objetados por la parte contraria, se tendrán por admitidos y surtirán sus efectos como si hubieren sido reconocidos expresamente. Puede exigirse el reconocimiento expreso si el que los presenta así lo pidiere, con este objeto se manifestarán los originales a quien deba reconocerlos y se le dejará ver todo el documento, no solo la firma.

Aportamos en este tenor, el siguiente criterio jurisprudencial:

OBJECIÓN DE DOCUMENTOS PRIVADOS PROVENIENTES DE TERCEROS. LA NECESIDAD DE EXPRESAR EL O LOS MOTIVOS EN QUE SE SUSTENTA, DEPENDERÁ DE LA PRETENSIÓN DE QUIEN OBJETA (CÓDIGO FEDERAL DE

---

en juicio por vía de prueba y no objetados por la parte contraria, se tendrán por admitidos y surtirán sus efectos como si hubieren sido reconocidos expresamente. Puede exigirse el reconocimiento expreso si el que los presenta así lo pidiere; con este objeto se manifestarán los originales a quien deba reconocerlos y se le dejará ver todo el documento, no sólo la firma.

PROCEDIMIENTOS CIVILES).[170] Tratándose de la objeción de documentos provenientes de terceros, el artículo 203 del Código Federal de Procedimientos Civiles, no exige determinada formalidad para formular la oposición respectiva; sin embargo, se considera que, -atendiendo a la naturaleza de la prueba-, si lo que se pretende con la sola objeción de un documento privado proveniente de un tercero, es que no se produzca la presunción del reconocimiento tácito del documento por no haberlo objetado, bastará con que exprese su objeción de manera genérica a fin de que el juzgador tome en consideración este dato al momento de valorar la prueba, -ello con independencia del valor probatorio que se le

---

[170] Contradicción de tesis 246/2011. Entre las sustentadas por el Tercer Tribunal Colegiado en Materia Civil del Tercer Circuito y el Primer Tribunal Colegiado del Décimo Segundo Circuito. 30 de noviembre de 2011. La votación se dividió en dos partes: mayoría de cuatro votos por lo que se refiere a la competencia. Disidente: José Ramón Cossío Díaz. Unanimidad de cinco votos en cuanto al fondo. Ponente: Guillermo I. Ortiz Mayagoitia. Secretario: Óscar Vázquez Moreno. Registro digital: 2000608. Instancia: Primera Sala. Décima Época. Materia(s): Civil. Tesis: 1a./J. 12/2012 (10a.). Fuente: Semanario Judicial de la Federación y su Gaceta. Libro VII, Abril de 2012, Tomo 1, página 628. Tipo: Jurisprudencia. Tesis de jurisprudencia 12/2012 (10a.). Aprobada por la Primera Sala de este Alto Tribunal, en sesión de fecha dieciocho de enero de dos mil doce.

otorgue, derivado del hecho de que se perfeccione o no la documental-. En cambio, si lo que se pretende con la objeción es controvertir, -entre otras causas-, la autenticidad de la firma o del contenido del documento, se estima que sí constituye un presupuesto necesario para tener por hecha la objeción, que se expresen las razones conducentes, dado que la objeción no es una cuestión de capricho, sino que se compone precisamente de los argumentos o motivos por los que el interesado se opone al documento respectivo. Dichas razones permiten que la parte oferente tenga la oportunidad de saber en qué sentido tiene que perfeccionar su documento, más aún cuando proviene de un tercero, ya que de lo contrario, el cumplimiento de esa carga procesal estará al arbitrio de quien simplemente objeta un documento sin exponer ninguna razón. Además, tal información también resulta importante para que el juzgador, teniendo esos elementos, le otorgue el valor y alcance probatorio en su justa dimensión.

En efecto, cualquier documento privado que se presente en juicio, debe ser puesto a la vista de la contraria al admitirse por el tribunal para su desahogo en juicio (ya señalamos que se desahogan por su *propia y especial naturaleza*). Por tanto, la contraria tendrá tres días contados a partir que se admita la prueba, para objetar el contenido y/o alcance que se busca dar al documento, debiéndo expresar las causas de su objeción. Lo anterior es para restare el valor probatorio pleno que tendría el documento en caso de no objetarse.

¿Y que casos pueden ocurrir que hagan que se deban objetar?

Muchos casos de estos ocurren diariamente en los tribunales, ya que al ser documentos privados, pueden alterarse o presentarse parciales ante el tribunal, esperando la ausencia de objeción y de ahí, su perfeccionamiento. Casos como de borrar una cantidad de un recibo o agregarle ceros a la cantidad de un Pagaré, no son casos extraños en el tribunal. Texto de ciertos contratos privados también es materia de objeción constante antelos tribunales. Por ello es que el litigante deberá estar siempre muy atento a cada paso de lo que suceda y se le notifique en el expediente judicial, ya que, la ausencia de objeción, hará que se fortalezca la acción o excepción de la parte contraria.

c) Ofrecimiento

Con respecto al ofrecimiento de las documentales, la regla general es que la prueba documental se ofrece desde los escritos de demanda y contestación a la misma. Estas pruebas en un casi 100 por ciento de las veces, son pruebas preconstituidas; es decir, pruebas que ya existen al momento de ingresar por primera vez al tribunal. En este tenor, la legislación procesal impone a las partes la obligación exhibirlas, ya que lo que se busca es que, desde el inicio, conozcan buena parte del material probatorio que se usará en juicio y con ello, se "midan fuerzas".

Nos sirve de apoyo a tal información los siguientes artículos del Código de Procedimientos Civiles para la Ciudad de México[171]: El artículo 255 relativo a los requisitos de la demanda refiere, en su fracción V, que se deberán señalar los hechos en que el actor funde su petición y precisará los documentos públicos o privados que tengan relación con cada uno de ellos, así como si los tiene o no a su disposición. El numeral 266 establece que

---

[171] En materia mercantil, ver artículos 1390 bis 11 y 1378, sobre los juicios oral mercantil y ordinario mercantil.

en la contestación de la demanda se deberán precisar los documentos relacionados en cada hecho y adjuntarlos.

Con mayor precisión, las fracciones II y III del artículo 95 ordenan:

Artículo 95.- A toda demanda o contestación deberá acompañarse necesariamente: II.- Los documentos en que el actor funde su acción y aquellos en que el demandado funde sus excepciones. Si no los tuvieren a su disposición, acreditarán haber solicitado su expedición con la copia simple sellada por el archivo o lugar en que se encuentren los originales, para que, a su costa, se les expida certificación de ellos, en la forma que prevenga la ley. Se entiende que las partes tienen a su disposición los documentos, siempre que legalmente puedan pedir copia autorizada de los originales y exista obligación de expedírselos. Si las partes no pudiesen presentar los documentos en que funden sus acciones o excepciones, declararán, bajo protesta de decir verdad, la causa por la que no pueden presentarlos. En vista a dicha manifestación, el juez, si lo estima procedente, ordenará al responsable de la expedición que el documento solicitado por el interesado se expida a costa de éste, apercibiéndolo con la imposición de alguna de las medidas de apremio que autoriza la ley. Salvo disposición legal en contrario o que se trate de pruebas supervenientes, de no cumplirse por las partes con alguno de los requisitos anteriores, no se les recibirán las pruebas documentales que no obren en su poder al presentar la demanda o contestación, como tampoco si en esos escritos se dejan de identificar las documentales, para el efecto de que oportunamente se exijan por el tribunal y sean recibidas; el mismo tratamiento se dará a los informes que se pretendan rendir como prueba;

III.- Además de lo señalado en la fracción II, con la demanda y contestación se acompañarán todos los documentos que las partes tengan en su poder y que deban de servir como pruebas de su parte y, los que presentaren después, con violación de este precepto, no les serán admitidos, salvo de que se trate de pruebas supervenientes.

Como puede advertirse, las partes deberán ofrecer la documental, así como proporcionar los documentos conducentes desde sus escritos iniciales. Lo anterior cuenta con dos excepciones, la primera de ellas, refiere al caso en que no tengan a disposición o en su poder el documento, caso en el cual, se procederá en los términos del artículo transcrito. Al respecto, el ordenamiento procesal citado establece, en sus artículos 96 y 97:

> i. En caso de demostrarse que se solicitó la expedición del documento a quien corresponda y, sin justa causa, deje de expedirse, el juez ordenará, a través de medios de apremio (usualmente multas), su emisión.
>
> ii. La presentación de los documentos a que se refiere el artículo 95 transcrito, cuando sean públicos, puede hacerse en copia simple si la parte manifiesta, bajo protesta de decir verdad, que carece de una fehaciente.

Si se presenta el documento público en copia simple, no producirá ningún efecto si durante el término de ofrecimiento de pruebas o durante el desarrollo de la audiencia de pruebas, no se presenta una copia con los requisitos necesarios para que haga fe en juicio, o bien, se cotejen las copias simples con sus originales por medio de fedatario público.

La segunda excepción refiere a las pruebas supervenientes[172]; a estos se refiere el artículo 98 del código citado, en los siguientes términos:

Artículo 98.- Después de la demanda y contestación, no se admitirán al actor ni al demandado, respectivamente, otros documentos que los que se hallen en alguno de los casos siguientes: 1o.- Ser de fecha posterior a dichos escritos; 2o.- Los anteriores respecto de los cuales, protestando decir verdad, asevere la parte que los presente no haber tenido antes conocimiento de su

---

[172] En el Código de Comercio se regulan las pruebas supervenientes de la siguiente manera: Artículo 1390 Bis 49.- Después de la demanda y contestación, reconvención y contestación a la reconvención en su caso, no se admitirán al actor ni al demandado, respectivamente, otros documentos que los que se hallen en alguno de los casos siguientes: I. Ser de fecha posterior a dichos escritos; II. Los anteriores respecto de los cuales, protestando decir verdad, asevere la parte que los presente no haber tenido antes conocimiento de su existencia; III. Los que no haya sido posible adquirir con anterioridad por causas que no sean imputables a la parte interesada. Cuando alguna de las partes tenga conocimiento de una prueba documental superveniente, deberá ofrecerla hasta antes de que se declare visto el asunto y el juez, oyendo previamente a la parte contraria en la misma audiencia, resolverá lo conducente.

existencia; 3o.- Los que no haya sido posible adquirir con anterioridad por causas que no sean imputables a la parte interesada, y siempre que haya hecho oportunamente la designación expresada en el párrafo segundo del artículo 96.

Al respecto, también es relevante destacar lo que disponen los numerales 97, 99, 100 y 101 del mismo cuerpo normativo:

- Después de los escritos de demanda y contestación solo serán admitidos como pruebas a las partes los documentos que: *(i)* les sirvan de pruebas contra excepciones alegadas contra acciones en lo principal o reconvencional; *(ii)* los que importen cuestiones supervenientes; *(iii)* los que importen impugnación de pruebas de la contraria; *(iv)* los que sean de fecha posterior a la presentación de la demanda o a la contestación; y, *(v)* los que siendo anteriores, bajo protesta de decir verdad, manifiesten no los conocían.

- A ninguno de los litigantes se le admitirá documento alguno después de concluido el desahogo de pruebas. En su caso, de oficio, el juez mandará devolverlos a quien los presentó, sin agregarlos al expediente. Es decir, en este tenor ya no habrá la posibilidad de considerar a una prueba documental como superveniente, aunque lo sea.

- Se dará vista a la contraria de cualquier documento que se presente después del término de ofrecimiento de prueba para después del término de ofrecimiento de prueba. Desahogada la vista o transcurrido el plazo, el juez resolverá sobre su admisión.

d) Preparación y desahogo

Como es lógico, atento a la naturaleza misma de los documentos, ellos no necesitan mayor preparación. De igual forma, basta con su presentación para que se tenga por desahogado este medio de prueba; por ello es que, en la jerga procesal, se dice que los documentos 'se desahogan por su propia y especial naturaleza', es decir, como ya se ha comentado, la información que contiene el documento le llega de manera directa al juzgador, con la simple lectura del documento y será el juez quién, en la sentencia haga análisis del documento a la luz de ser público o privado y en este último caso, si fue objetado o no, a efecto de darle el valor probatorio que le corresponde.

e) Objeción e impugnación de documentos

En primer lugar, consideramos pertinente señalar que la diferencia esencial entre estos actos procesales es que la impugnación implica cuestionar la autenticidad o integridad del documento, mientras que la objeción implica, meramente, cuestionar su alcance y valor probatorio.

Objeción.

La legislación adjetiva permite a las partes cuestionar el alcance y valor probatorio de un documento exhibido como prueba por la contraria. Al efecto, el artículo 340 del código procedimental de la Ciudad de México[173] señala

---

[173] El Código de Comercio indica: Artículo 1247.- Las partes sólo podrán objetar los documentos en cuanto a su alcance y valor probatorio dentro de los tres días siguientes al auto admisorio de pruebas, tratándose de los presentados hasta entonces. Los exhibidos con posterioridad podrán ser objetados en igual término, contado desde el día siguiente a aquel en que surta efectos la notificación del auto que ordene su admisión. No será necesario para la objeción a que se refiere el presente artículo la tramitación incidental de la misma.

que las partes sólo podrán objetar los documentos, en cuanto a su alcance y valor probatorio. Con respecto al momento en que deberán hacerlo, realiza la siguiente distinción:

i. Dentro de los tres días siguientes a la apertura del plazo de prueba, tratándose de los documentos presentados hasta eses momento.

ii. Dentro de los tres días, contados desde el día siguiente a aquel en que surta efectos la notificación del auto que ordene la recepción del documento, cuando se trate de documentos exhibidos con posterioridad.

Como dijimos, en este caso, lo que está en duda no es la autenticidad del documento, sino únicamente su alcance y valor probatorio. Congeniamos con Ovalle Favela, al indicar: *"Por ser este tipo de objeción una mera argumentación contra el alcance y valor probatorio del documento, sólo debe sustentarse en las razones que exprese el objetante, las que el juzgador tomará en cuenta al momento de valorar el documento, por lo que no se requiere que el objetante ofrezca y aporte pruebas para demostrar esas razones*[174]*"*.

En este sentido, solamente los documentos privados podrán ser objetados; tal conclusión deriva de los artículos 402 y 403 del código procesal de la Ciudad de México, mismos que establecen que los medios de prueba serán valorados en su conjunto por el juez, atento a las reglas de la lógica y la experiencia. En este tenor, el juez debe exponer los fundamentos de la valoración jurídica que realice.

Sin embargo, se exceptúa de la referida regla la apreciación de los documentos públicos, pues estos tendrán valor probatorio pleno y, en consecuencia, no se perjudicarán en cuanto a su validez por las excepciones que se aleguen para destruir la pretensión que en ellos se funde.

Impugnación.

---

[174] Ovalle Favela, José, *Derecho procesal civil*, novena edición, *op. cit.*, pp. 159 y 160.

La impugnación, reiteramos, implica el cuestionamiento de la exactitud o autenticidad del documento[175]. Esta se hará en vía incidental. Ahora cabe preguntarnos, ¿en qué momento puede realizarse la impugnación de falsedad un documento?

El artículo 386 del Código de Procedimientos Civiles para la Ciudad de México dispone que podrá hacerse desde la contestación de la demanda hasta seis días antes de la celebración de audiencia de pruebas. Para tal efecto, se deberán indicar los motivos y pruebas; además, cuando se impugne la autenticidad del documento privado o público sin matriz, deben señalarse los documentos indubitables para el cotejo y promoverse la prueba pericial. De no cumplirse con estos requisitos, se tendrá por no redargüido o impugnado el documento.

Realizada esta, se correrá traslado de la impugnación a la contraria y en la audiencia del juicio se presentarán las pruebas correspondientes.

---

[175] En materia mercantil son aplicables los artículos 1250, 1250 bis y 1250 bis 1 del Código de Comercio.

Al efecto, el juzgador únicamente podrá conocer y decidir la fuerza probatoria del documento impugnado, pero no hacer declaración general que afecte al instrumento.

Es importante señalar que tanto los documentos públicos como los privados pueden ser objeto de impugnación de falsedad. Como puede advertirse, en caso de impugnarse un documento, se deben ofrecer pruebas. Al efecto, existen dos medios probatorios principales:

<u>Cotejo</u>.

Si se trata de un documento público que cuente con matriz, el cotejo será la prueba idónea. En este caso, es aplicable lo dispuesto en el siguiente artículo del código adjetivo de la Ciudad de México:

Artículo 333.- Los instrumentos públicos que hayan venido al pleito sin citación contraria, se tendrán por legítimos y eficaces salvo que se impugnare expresamente su autenticidad o exactitud por la parte a quien perjudiquen. En este caso, se decretará el cotejo con los protocolos y archivos, que se practicará por el Secretario, constituyéndose, al efecto, en el archivo o local donde se halle la matriz a presencia de las partes, si concurrieren, a cuyo fin se señalará previamente el día y la hora, salvo que el juez lo decretare en presencia de los litigantes o se hiciere en el acto de la audiencia de pruebas.

También podrá hacerlo el juez por sí mismo cuando lo estime conveniente.

<u>Pericial</u>.

Si se trata de un documento privado, o bien, de uno público que no cuente con matriz, el medio de prueba idóneo será la prueba pericial. Además de los requisitos comunes a toda prueba pericial, que veremos en líneas posteriores, es necesario que se señalen documentos indubitables para el cotejo.

En relación con lo comentado, desprendemos de los artículos 341 a 344 del Código de Procedimientos Civiles para la Ciudad de México lo siguiente:

i. Puede pedirse el cotejo de firmas y letras, siempre que se niegue o que se ponga en duda la autenticidad de un documento privado o público sin matriz.

ii. Quien pida el cotejo designará documentos indubitados con que deba hacerse, o bien, pedirá al juez que cite al interesado para que en su presencia ponga la firma o letras que servirán para el cotejo.

iii. ¿Cuáles son los documentos indubitados para el cotejo? *(i)* Los que las partes, de común acuerdo, reconozcan como tales; *(ii)* los privados cuya letra o firma hayan sido reconocidas en juicio por quien se atribuya la dudosa; *(iii)* aquellos cuya letra o firma ha sido judicialmente declarada propia de aquel a quien se atribuya la dudosa; *(iv)* el escrito impugnado en la parte en que reconozca la letra como suya a aquél a quien perjudique; y, *(v)* las firmas puestas en actuaciones judiciales en presencia del secretario por la parte cuya firma o letra se trata de comprobar.

iv. El juez podrá hacer por sí la comprobación después de oír a los peritos y apreciará el resultado de esta prueba conforme a las reglas de la sana crítica sin tener que sujetarse al dictamen; puede ordenar que se repita el cotejo por otros peritos.

Hemos de destacar que el juez lo único que podrá decidir cuando lo que se haya impugnado sea la falsedad de documento en el proceso, lo será la fuerza probatoria en el mismo. Ello significa que no se declara la ineficacia del documento.

Finalmente, para arrojar mayor claridad con respecto a las diferencias entre la objeción y la impugnación de documentos, proporcionamos la siguiente tesis aislada:

DOCUMENTOS. OBJECIÓN E IMPUGNACIÓN DE FALSEDAD. DIFERENCIAS (Código de Procedimientos Civiles para el Distrito Federal). La objeción y la impugnación de falsedad de documentos previstas en los artículos 335 y 386 del Código de Procedimientos Civiles para el Distrito Federal, respectivamente, son instituciones diferentes, en razón a su naturaleza, finalidad, materia, plazo y sustanciación. En conformidad con el primero de los preceptos, la objeción es el medio dado por la ley para evitar que se produzca el reconocimiento tácito del documento privado y para conseguir de esa manera, que el valor probatorio del propio instrumento permanezca incompleto. En cambio, la impugnación de falsedad, prevista en el artículo 386 del citado ordenamiento, constituye un acto jurídico distinto que opera en diferentes circunstancias a las de la objeción de un documento privado, puesto que esta impugnación se ejercita para evidenciar la falsedad de un documento, ya sea público o privado. En atención a la naturaleza de las citadas instituciones, la diferencia radica en que, la objeción es un acto jurídico, esto es, una expresión de voluntad tendente a poner de manifiesto, que quien la produce no está dispuesto a someterse al documento privado contra el cual se formula ni a pasar por él. De manera que la actitud de quien opone tal reparo evita incurrir en el no hacer o en la pasividad ante el instrumento y, por ende, dicha conducta activa consigue que no se produzca el reconocimiento tácito del documento privado. Por cuanto hace a la impugnación de falsedad se encuentra que, aunque implica también una manifestación de voluntad, la característica que la distingue es que está dotada de un propósito más enérgico, porque a diferencia de la objeción, en la que sólo se busca no incurrir en la impasibilidad para que un documento privado no quede perfeccionado, en la impugnación de falsedad, la voluntad está encaminada a privar de efectos al documento que, por alguna razón, ya tiene pleno valor probatorio, como por ejemplo: un documento público, o bien, un documento privado atribuido a la contraparte del oferente de la prueba, cuya firma ha sido reconocida por su autor, etcétera. De esta manera, para que quede patentizado el sentido hacia el cual se orienta la voluntad del promovente del incidente de impugnación de falsedad, al plantearse, deben exponerse claramente los motivos específicos por los cuales se redarguye de falso el documento, así como las pruebas con las que éstos se pretendan demostrar, las cuales deben ofrecerse en términos del artículo 386 del Código de Procedimientos Civiles. Esto se logra a través de la formulación de una demanda incidental, en la cual esté indicada la petición y la causa de pedir, así como las pruebas aptas para demostrar esta última. Otra de las diferencias que existe entre las instituciones en estudio es la atinente a su finalidad, pues la objeción tiene como presupuesto la aportación al juicio de un documento privado. Esta clase de instrumentos son imperfectos y necesitan de otro medio probatorio para poder completarse. Uno de los medios que da la ley para perfeccionar al documento privado es el reconocimiento tácito, que surge de la impasibilidad de la contraparte del oferente frente a tal instrumento, en el tiempo previsto en la ley. Por tanto, la finalidad de la objeción consiste en evitar que se produzca el reconocimiento tácito, con lo cual se logra que el valor probatorio del documento privado permanezca imperfecto. En cambio, en la impugnación de falsedad, el presupuesto consiste en que uno de los contendientes aporte un documento público al juicio, o bien, uno privado, pero ya perfeccionado, por ejemplo, porque el oferente ya ha obtenido su perfeccionamiento con algún medio previsto por la ley, por ejemplo, el reconocimiento expreso de la firma. Con la objeción se evita completar una prueba que por sí misma es imperfecta. En tanto que, con la impugnación de falsedad, a un medio de prueba que en principio tiene plena fuerza de convicción, quien hace valer el incidente respectivo pretende disminuir o anular esos efectos probatorios plenos. Por cuanto hace a la materia de las instituciones citadas, la objeción (artículo 335 del Código de Procedimientos Civiles) recae sobre documentos privados y la impugnación de falsedad se dirige, indistintamente, contra documentos públicos y privados (artículo 386, primer párrafo). Otra distinción de ambas instituciones se encuentra en el factor temporal, esto es, en el plazo otorgado por la ley para plantear una u otra. En la objeción se cuenta con tres días para formularla, lo que indica un tiempo breve. En cambio, en el incidente de falsedad de documento no se cuenta con un plazo específico; sin embargo, se prevé un tiempo acotado claramente para que se presente el incidente respectivo, que va desde la contestación de la demanda, hasta seis días antes de la celebración de la audiencia de pruebas y alegatos, lo que implica que se tiene un periodo más amplio que en la objeción. Por cuanto hace a la sustanciación, la ley prevé detalladas formalidades para que la autoridad pueda conocer de la impugnación de falsedad formalidades que corresponden a la naturaleza, finalidad, materia, plazo, etcétera, de la institución. Esto contrasta con el escaso formalismo previsto en la ley para la objeción, puesto que, la ley sólo menciona el breve plazo de tres días que se tiene para hacerla valer. De ahí que, las diferencias apuntadas permitan concluir que la objeción e impugnación de falsedad de documentos constituyen actos jurídicos distintos que no deben confundirse[176].

D. Prueba Pericial

Comenzaremos por proveer un concepto de los peritos, conforme a las ideas de Chiovenda, quien dice: "*Los peritos son personas llamadas a exponer al juez no soló las observaciones de sus sentidos y sus impresiones personales sobre los hechos observados, sino también las inducciones que deban sacarse objetivamente de éstos y de aquellos que se les den por existentes. Esto exige que los peritos posean conocimientos, teóricos o prácticos, o aptitudes en ramas especiales. Cuanto más técnica sea la cuestión de hecho sometida al juez, tanto mayor será la utilidad de la prueba pericial*"[177].

Si bien es verdad que ya en Roma se conocían los agrimentores, que eran los encargados de delimitar las tierras que los cónsules distribuían entre los legionarios,

---

176 Semanario Judicial de la Federación, novena época, tribunales colegiados de circuito, tomo XXVIII, octubre de 2008, pág. 2358, tesis aislada (civil). Consulta electrónica ius. "DOCUMENTOS. OBJECIÓN E IMPUGNACIÓN DE FALSEDAD. DIFERENCIAS (Código de Procedimientos Civiles para el Distrito Federal)".

177 Chiovenda Giuseppe, *Curso de Derecho Procesal Civil, op. cit.*, p. 458.

y que en España se utilizaban los servicios de las comadronas para constatar el embarazo, en realidad, durante muchos años la prueba pericial fue mirada con poco favor y hasta las leyes de partidas prohibían esta diligencia en ciertos casos, como en la comprobación de las firmas en los documentos privados. Es necesario, en efecto, remontarse hasta la ordenanza francesa de Blois, de 1579, para encontrar la primera regulación legal de la diligencia pericial como medida probatoria.

En esa época, en virtud del principio de enajenabilidad de los cargos, la designación de perito sólo podía recaer en quienes tuviesen derecho a desempeñarlo, y recién con la ordenanza de 1667 se reconoció al juez y a las partes la facultad de elegirlos entre toda clase de personas, sin esa restricción. La especialización de las ciencias, las artes y las industrias estableció nuevas limitaciones en favor de quienes poseyeran título profesional, al mismo tiempo, la exacta determinación de carácter de sus funciones disminuyó su eficacia probatoria, al asignar a los peritos una función de asesoramiento[178].

---

[178] Alsina Hugo, Derecho Procesal Civil Parte Procedimental. México. Editorial Jurídica Universitaria Serie Clásicos del Derecho Procesal Civil , 2001 Pág 162. Vol.3

Desde otro punto de vista, Alsina comenta: *"El perito es un técnico que auxilia al juez en la comprobación de los hechos y en la determinación de sus causas y efectos, cuando media una imposibilidad física o se requiera conocimientos especiales en la materia"*[179].

Ahora, corresponde definir al dictamen pericial, que es *"...el juicio emitido por personas que cuentan con una preparación especializada en alguna ciencia, técnica arte o industria, con el objeto de establecer algún o algunos de los hechos de la materia de la controversia"*[180].

Iniciando con el estudio de la prueba pericial, esta es *"el dictamen de las personas versadas en una ciencia, en un arte, en un oficio con el objeto de ilistrar a los tribunales sobre un hecho cuya existencia no puede ser demostrada ni apreciada sino por medio de conocimientos científicos o técnicos"*[181]. Este un medio de prueba extraordinario, en el sentido de que

---

[179] Alsina, Hugo, , *op. cit.*, p. 163.

[180] Ovalle Favela, José, *Derecho procesal civil*, novena edición, *op. cit.*, p. 164.

[181] Mateos Alarcón, Manuel, *op. cit.*, p. 184.

únicamente será admisible cuando por otras pruebas no haya quedado acreditado el hecho correspondiente.

La Ley Orgánica del Tribunal Superior de Justicia de la Ciudad de México establece los requisitos que deben cumplirse para ser perito del artículo 101 al 106, solo se transcribe solo el artículo que explica los requisitos para ser perito:

Artículo 102. Para ser Perito se requiere ser ciudadano mexicano, gozar de buena reputación tener domicilio en la Ciudad de México, así como conocer la ciencia, arte u oficio sobre el que vaya a versar el peritaje acreditar su pericia mediante examen que presentará ante un jurado que designe el Consejo de la Judicatura, con la cooperación de instituciones públicas o privadas que a juicio del propio Consejo cuenten con capacidad para ello. La decisión del jurado será irrecurrible.

Al respecto, del 346 del Código de Procedimientos de Civiles para la Ciudad de México desprendemos las siguientes reglas generales:

a) La pericial únicamente es admisible cuando se requieren conocimientos especiales.

b) Tales conocimientos se refieren a una ciencia, arte, técnica, oficio o industria.

c) Los peritos deberán tener título para el ejercicio de la materia respectiva, si conforme a la ley se requiere este. En caso contrario, o si requiriéndose este no hubiere peritos en el lugar, el juez podrá, a su satisfacción, nombrar cualesquiera personas entendidas, aunque no cuenten con título.

d) No es aplicable en lo relativo a conocimientos generales que la ley presupone como necesarios en los jueces (es decir, no podrá ofrecerse prueba pericial en Derecho, tampoco respecto de aspectos básicos aprendidos a lo largo de la vida academica del juzgador).

En este tenor, la prueba pericial no será admitida a deshogo si: *(i)* se ofrece para los conocimiento generales referidos; *(ii)* el conocimiento se encuentra acreditado por otras pruebas; y, *(iii)* se refiere a simples operaciones aritméticas o similares.
A los asuntos familiares no les serán aplicables las reglas generales de la pericial, por lo que el juez deberá señalar

un périto único de entre los aprobados por el Consejo de la Judicatura para desempeñarse como expertos. Con ello se busca evitar el alargamiento de los juicios de esta materia que naturalmente deben ser resueltos de manera pronta y expedita. Sin embargo, la Primera Sala de nuestro más alto tribunal ha considerado que tal disposición resulta violatoria de derechos humanos, conforme a la tesis jurisprudencial siguiente:

PRUEBA PERICIAL. DESIGNACIÓN DE PERITO ÚNICO. EL ARTÍCULO 1065 DEL CÓDIGO DE PROCEDIMIENTOS CIVILES PARA EL DISTRITO FEDERAL, QUE PREVÉ ESE RÉGIMEN, TRANSGREDE LOS DERECHOS HUMANOS DE AUDIENCIA Y DEBIDO PROCESO. La Primera Sala de la Suprema Corte de Justicia de la Nación, en la tesis 1a. III/2011 (10a.), sostuvo el criterio de que el artículo 346, último párrafo, del Código de Procedimientos Civiles para el Distrito Federal, violaba las garantías de audiencia y debido proceso contenidas en el artículo 14 de la Constitución Política de los Estados Unidos Mexicanos, al establecer el régimen de perito único en los asuntos en materia familiar, ello porque impide a las partes impugnar en forma efectiva el dictamen rendido por aquél, y puede privar al juez de los medios de prueba necesarios para el conocimiento de la verdad. La referida Sala determinó que si bien el régimen de perito único persigue fines que encuentran acomodo constitucional, como puede ser la celeridad en el procedimiento y evitar la revictimización de los menores en el proceso judicial, la medida legislativa no es idónea ni necesaria en tanto afecta de manera desproporcionada el derecho de prueba e impugnación, puesto que una prueba técnica (como es la pericial) que requiere de conocimientos especiales sólo puede combatirse de forma efectiva por una persona que acredite contar con los conocimientos especiales requeridos. Por idénticas razones debe considerarse que el artículo 1065 del mismo ordenamiento transgrede también el texto constitucional, en tanto que en relación con el artículo 346, conforman el sistema normativo de régimen de perito único, al desarrollar los lineamientos para el ofrecimiento, admisión, preparación y desahogo de la prueba pericial en los juicios familiares. En ese sentido, los preceptos guardan una relación directa entre sí, indisociable en cuanto al objeto que regulan, de tal manera que no resulta posible declarar la inconstitucionalidad de uno sin afectar el sentido, alcance o aplicación del otro. Por ende, toda vez que el artículo

1065 detalla los pormenores del régimen de perito único e impide que la prueba pericial en asuntos en materia familiar sea realizada o revisada por peritos diversos al oficial, también vulnera los derechos humanos de audiencia y debido proceso previstos en la Constitución Federal[182].

Ahora bien, el objeto de la prueba pericial es la aportación de los conocimientos especiales que se requieran para probar un hecho controvertido. Teóricamente, el juzgador, en virtud de sus estudios, cuenta con conocimientos generales y especializados en la ciencia del derecho; empero, al serle sometidas a su conocimiento determinadas controversias, necesitará acudir a personas que tengan otro tipo de conocimientos que resulten

---

[182] Semanario Judicial de la Federación, décima época, primera sala, Libro 49, diciembre de 2017, Tomo I, página 441, tesis aislada (constitucional). Consulta electrónica ius. "PRUEBA PERICIAL. DESIGNACIÓN DE PERITO ÚNICO. EL ARTÍCULO 1065 DEL CÓDIGO DE PROCEDIMIENTOS CIVILES PARA EL DISTRITO FEDERAL, QUE PREVÉ ESE RÉGIMEN, TRANSGREDE LOS DERECHOS HUMANOS DE AUDIENCIA Y DEBIDO PROCESO".

indispensables para esclarecer el problema jurídico de que se trate[183].

Así, como ejemplo, Becerra Bautista proporciona el siguiente: si las partes discuten si un edificio causó daños a una construcción contigua, se requerirá del conocimiento científico de ingenieros para que el juez pueda resolver, considerando la situación de hecho, al amparo del conocimiento especializado[184]. Y la materia pericial es tan amplia, como en temas que se presenten al tribunal, que van desde falsificación de firmas, alteración de documentos, edificios mal construidos o inclinados, materiales defectuosos, mala construcción de plataformas petroleras, líneas de cableado, servicios técnicos, etc. etc.

a) Ofrecimiento, admisión y preparación

De conformidad con el artículo 347 del citado código, la prueba pericial se ofrece en el término de ofrecimiento de pruebas y a efecto de que sea admitida por el juez, deberá señalarse claramente lo siguiente: a) la ciencia, arte,

---

[183] Becerra Bautista, José. *El Proceso Civil en México, op. cit.*, duodecima edición, p. 131.

[184] *Idem*, p. 132.

técnica, oficio o industria sobre la cual deba practicarse la prueba; b) los puntos sobre los que versará y las cuestiones que se deben resolver en ella; c) la cédula profesional, calidad técnica, artística o industrial del perito que se proponga; d) el nombre, apellidos y domicilio del perito propuesto; y, e) la relación de la prueba con los hechos controvertidos.

Antes de admitirse la pericial, el juzgador dará vista a la contraria del oferente, por el término de tres días, para que se manifieste con respecto a la pertinencia de la prueba, esto es, si la prueba no cae en alguno de los supuestos de lo que se ha señalado para la no admisión de la prueba, o bien, si la misma no es útil o eficaz para demostrar los extremos de lo que se busca acreditar, dando sus razones y argumentos para ello.

En la misma vista referida en el párrafo que antecede, también se le da a la contraria un plazo de tres días para que, en caso de ser admitida al prueba pericial, (i) proponga la ampliación de puntos y cuestiones objeto del dictamen; y (ii) designe a su perito, el cual deberá serlo en la misma materia que el propuesto por el oferente, así como indicar su cédula profesional o documento que acredite su calidad, requisito sin el cual se tendrá por no designado el perito.

Sucedido lo anterior, el juez decidirá si admite o no a desahogo la prueba pericial. Admitida la prueba, las partes tienen la obligación que sus respectivos peritos, en el plazo de tres días, presenten un escrito aceptando y protestando su cargo. Igualmente, en el mismo escrito de aceptación, los peritos manifestarán, bajo protesta de decir verdad, que conocen los puntos materia del litigio respecto de los que darán su dictamen, así como que tienen la capacidad suficiente para emitirlo. Como anexo de tal escrito, se deberá exhibir la cédula profesional o documentos que acrediten su calidad de perito en la materia de que se trate; pues de no hacerlo, se tendrá por no presentado el perito.

En este supuesto pueden suceder dos aspectos: Que el tribunal tenga por aceptados los cargos y de ahí comiencen a correr los plazos para rendir el dictamen (plazo común para los peritos) o bien, que alguno de los peritos no haya presentado escrito o lo haga en forma deficiente. En este tenor, la consecuencia será diversa dependiendo de si la omisión viene del perito de la parte oferente de la prueba o de la contraria:

i. Si se trata del perito del oferente de la prueba, se tendrá por desierta esta.

ii. Si se trata del perito de la contraria o esta no designare perito, se le tendrá por conforme a la parte contraria con el dictamen que, en su momento, rinda el perito del oferente.

Aquí es pertinente señalar que las partes, en cualquier tiempo podrán convenir en la designación de un solo perito para que rinda su dictamen al cual se sujetarán (evento que en la realidad se antoja muy poco probable).

b) Desahogo

A partir de la presentación de los escritos de aceptación y protesta referidos en párrafos anteriores, los peritos quedan obligados a rendir su dictamen dentro de los diez días hábiles siguientes[185]. Aquí conviene detenernos para señalar que el plazo empezará a correr, en realidad, a partir que el perito tenga a su alcance la materia del peritaje, ya que de lo contrario sería imposible cumplir con el plazo otorgado. Por tanto, es muy natural que en juicio el perito, al aceptar el encargo, pida al tribunal que el plazo le corra a partir que se tenga acceso real a la materia del peritaje, evento que usualmente es concedido por el juez y además, toma las medidas necesarias para que ello suceda.

Con respecto a la rendición de los dictamenes, pueden darse diversos escenarios:

i. Que los peritos de ambas partes rindan sus dictamenes de manera oportuna y sean, de alguna forma, coincidentes. Por lo que el tribunal tendrá por desahogada la prueba.

---

[185] Cuando se trata de juicios sumarios, especiales, o cualquier otro tipo de controversia de trámite específicamente singular, las partes quedan obligadas a presentar a sus peritos dentro de los tres días siguientes al proveído en que se les tenga por designados, los cuales quedan obligados a rendir su dictamen dentro de los cinco días siguientes a la fecha en que hayan aceptado y protestado el cargo.

ii. Que los peritos de ambas partes rindan sus dictamenes, pero estos sean sustancialmente contradictorios y el juzgador considere que no es posible encontrar conclusiones que le aporten elementos de convicción para el conocimiento de la verdad debatida. En tal supuesto, el juez procederá nombrar a un perito tercero en discordia[186]. El procedimiento es el siguiente:

---

[186] Artículo 353.- Los jueces podrán designar peritos de entre aquéllos autorizados como auxiliares de la administración de justicia o de entre aquéllos propuestos, a solicitud del juez, por colegios, asociaciones o barras de profesionales, artísticas, técnicas o científicas o de las instituciones de educación superior públicas o privadas o las cámaras de industria, comercio, confederaciones de cámaras, o la que corresponda al objeto del peritaje. Cuando el juez solicite que el perito se designe por alguna de las instituciones señaladas en último término, prevendrá a las mismas que la nominación del perito que proponga se realice en un término no mayor de cinco días, contados a partir de la recepción de la notificación o mandamiento que expida el juez. En todos los casos en que se trate únicamente de peritajes sobre el valor de cualquier clase de bienes y derechos, los mismos se realizarán por avalúos que practiquen dos corredores públicos o instituciones de crédito, nombrados por cada una de las partes, y en caso de diferencias en los montos que arrojen los avalúos, no mayor del treinta por ciento en relación con el monto mayor, se mediarán estas diferencias. De ser mayor tal diferencia, se nombrará un perito tercero en discordia, conforme al artículo 349 de este código, en lo

- El juez designará a un perito de la lista que tiene aprobada por el Consejo de la Judicatura, para fungir con tal carácter. La designación no puede ser al azar, sino que deberá seguir el orden alfabético (por apellido) en la lista;

---

conducente. En el supuesto de que alguna de las partes no exhiba el avalúo a que se refiere el párrafo anterior, el valor de los bienes y derechos será el del avalúo que se presente por la parte que lo exhiba, perdiendo su derecho la contraria para impugnarlo.

Cuando el juez lo estime necesario, podrá designar a algún corredor público, institución de crédito, al Nacional Monte de Piedad o a dependencias o entidades públicas que practican avalúos. En los casos en que el Tribunal designe a los peritos únicos o terceros en discordia, los honorarios de éstos se cubrirán por mitad por ambas partes, observando lo establecido en el párrafo siguiente, y aquella que no pague lo que le corresponde será apremiada por resolución que contenga ejecución y embargo en sus bienes. Cuando la parte que promueve lo haga a través de la Defensoría de Oficio y ésta no cuente con el perito solicitado, el juez previa la comprobación de dicha circunstancia, nombrará un perito oficial de alguna institución pública que cuente con el mismo; cuando dichas instituciones no cuenten con el perito requerido, el juez nombrará perito en términos del primer párrafo del presente artículo, proveyendo al perito lo necesario para rendir su dictamen, así como en el caso de que se nombre perito tercero.

- Se notificará al perito para que, en el plazo de tres días, presente el escrito aceptando y protestando su cargo, anexando, al efecto, su cédula profesional o documentos que acrediten su calidad de perito en la materia. De igual forma, deberá manifestar que tiene capacidad suficiente para emitir el dictamen y señalará sus honorarios, mismos que serán aprobados por el juez y cubiertos por ambas partes en igual proporción.

- Rendirá su dictamen en la audiencia de pruebas o en la fecha que señale el tribunal.

- En caso de incumplimiento, se le impondrá sanción pecuniaria en favor de las partes por un importe igual al que cotizó por sus servicios, se dictará ejecución en su contra y se informará a la institución que lo hubiere propuesto. Seguidamente, se procederá a designar a otro perito tercero en discordia.

Por otro lado, señalamos que las partes pueden solicitar una junta de peritos. En este sentido, el articulo 350 del Código de Procedimientos Civiles para la Ciudad de

México establece que las partes tendrán derecho a interrogar a los peritos que hayan rendido dictamen y a que el juez ordene su comparecencia en la audiencia de pruebas para que se lleve a cabo la junta de peritos, donde el solicitante podrá formular sus interrogatorios.

Cabe indicar que las partes, en cualquier momento, podrán manifestar su conformidad con el dictamen del perito de la contraria y hacer observaciones a este, las cuales serán consideradas por el tribunal en la valoración que realice en su sentencia.

Por último, apuntamos que el Código de Comercio regula en términos muy similiares la prueba pericial, siendo aplicables los artículos 1252 a 1258 del referido cuerpo normativo.

Por otro lado, si el dictamen pericial debe ser relacionado con la valuación de bienes (inmuebles o muebles), la fórmula es diferente, atendiendo a que, primero, la legislación limita la opción pericial. Así, los peritos solo podrían ser peritos autorizados por institución bancaria, por el tribunal o bien, Corredores Públicos. Al hacer esta inserción, el legislador pensó que al solo poder usarse alguna de estas tres opciones, haría que los dictámenes periciales en materia de valuación sean serios y que, por ende, difícilmente se distorsionarán mucho de entre los valores de los dos peritos (porque además de encontrárseles una valuación tendenciosa o realizada para distorsionar el valor, pueden hacerse acreedores a la pérdida de la patente). Ahora bien, de acuerdo con la legislación procesal, en materia civil para el caso que el valor de avalúo no exceda el treinta por ciento entre el avalúo más alto y el más bajo[187], entonces el juez dividirá el valor a la mitad y ese será el valor de avalúo. En materia mercantil, esa diferenciación es de veinte por ciento[188].

Lo anterior lo graficamos de la siguiente manera:

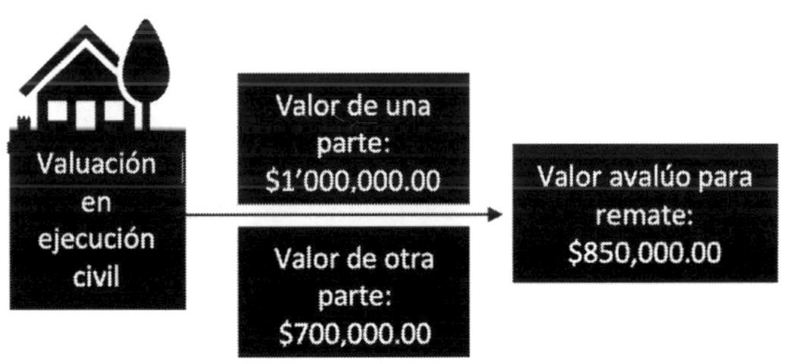

[187] Art. 353 del Código de Procedimientos Civiles.
[188] Art. 1410 del Código de Comercio.

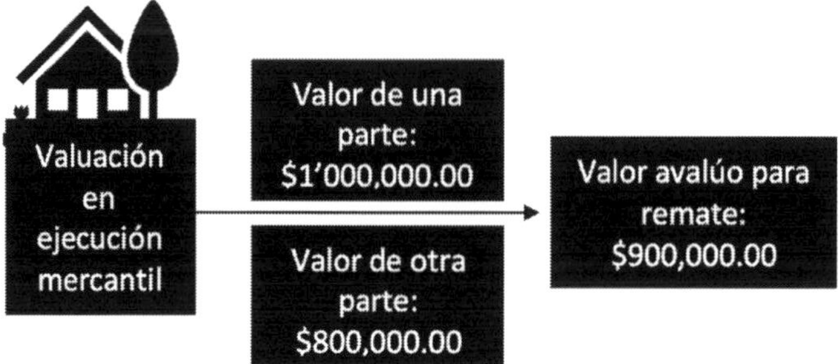

En el caso anterior, si el valor de avalúo está dentro del parámetro citado, entonces el juez parte la media aritmética y se tiene el valor de avalúo para venta en pública almoneda, sin que se deba designar un tercero. Ahora bien, si el valor de avalúo del bien dado por ambos peritos se sale del parámetro citado, entonces el juzgador llamará a un tercero en discordia.

Para concluir, aportamos las siguientes tesis que nos parecen muy relevantes en el estudio de este medio de prueba:

PRUEBA PERICIAL, VALORACIÓN DE LA. SISTEMAS. En la valoración de las pruebas existen los sistemas tasados o legales y pruebas libres, o de libre convicción. Las pruebas legales son aquellas a las que la ley señala por anticipado la eficacia probatoria que el juzgador debe atribuirles. Así, el Código de Comercio en sus artículos 1287, 1291 a 1294, 1296, 1298 a 1300, 1304 y 1305, dispone que la confesión judicial y extrajudicial, los instrumentos públicos, el reconocimiento o inspección judicial y el testimonio singular, hacen prueba plena satisfechos diversos requisitos; que las actuaciones judiciales, los avalúos y las presunciones legales hacen prueba plena, y que el documento que un litigante presenta, prueba plenamente en su contra. Por otra parte, las pruebas de libre convicción son las que se fundan en la sana crítica, y que constituyen las reglas del correcto entendimiento humano. En éstas interfieren las reglas de la lógica con las reglas de la experiencia del Juez, que contribuyen a que pueda analizar la prueba con arreglo a la sana razón y a un conocimiento experimental de las cosas. Esos principios se encuentran previstos en el artículo 402 del Código de Procedimientos Civiles para el Distrito Federal, al establecer que los medios de prueba aportados y admitidos serán valorados en su conjunto por el juzgador, atendiendo a las reglas de la lógica y de la experiencia, exponiendo cuidadosamente los fundamentos de la valoración jurídica y de su decisión. De modo que salvo en aquellos casos en que la ley otorga el valor probatorio a una prueba, el Juez debe decidir con arreglo a la sana crítica, esto es, sin razonar a voluntad, discrecional o arbitrariamente. Las reglas de la sana crítica consisten en su sentido formal en una operación lógica. Las máximas de experiencia contribuyen tanto como los principios lógicos a la valoración de la prueba. En efecto, el Juez es quien toma conocimiento del mundo que le rodea y le conoce a través de sus procesos sensibles e intelectuales. La sana crítica es, además de la aplicación de la lógica, la correcta apreciación de ciertas proposiciones de experiencia de que todo hombre se sirve en la vida. Luego, es necesario considerar en la valoración de la prueba el carácter forzosamente variable de la experiencia humana, tanto como la necesidad de mantener con el rigor posible los principios de la lógica en que el derecho se apoya. Por otra parte, el peritaje es una actividad humana de carácter procesal, desarrollada en virtud de encargo judicial por personas distintas de las partes del proceso, especialmente calificadas por su experiencia o conocimientos técnicos, artísticos o científicos y mediante la cual se suministran al Juez argumentos y razones para la formación de su convencimiento respecto de ciertos hechos , también especiales, cuya percepción o cuyo entendimiento escapa a las aptitudes del común de la gente y requieren esa capacidad particular para su adecuada percepción y la correcta verificación de sus relaciones con otros hechos, de sus causas y de sus efectos o, simplemente, para su apreciación e interpretación. Luego, la peritación cumple con una doble función, que es, por una parte, verificar hechos que requieren conocimientos técnicos, artísticos o científicos que escapan a la cultura común del Juez y de la gente, sus causas y sus efectos y, por otra, suministrar reglas técnicas o científicas de la experiencia especializada de los peritos, para formar la convicción del Juez sobre tales hechos y para ilustrarlo con el fin de que los entienda mejor y pueda apreciarlos correctamente. Por otra parte, en materia civil o mercantil el valor probatorio del peritaje radica en una presunción concreta, para el caso particular de que el perito es sincero, veraz y posiblemente acertado, cuando es una persona honesta, imparcial, capaz, experta en la materia de que forma parte el hecho sobre el cual dictamina que, además, ha estudiado cuidadosamente el problema sometido a su consideración, ha realizado sus percepciones de los hechos o del material probatorio del proceso con eficacia y ha emitido su concepto sobre tales percepciones y las deducciones que de ellas se concluyen, gracias a las reglas técnicas, científicas o artísticas de la experiencia que conoce y aplica para esos fines, en forma explicada, motivada, fundada y conveniente. Esto es, el valor probatorio de un peritaje depende de si está debidamente fundado. La claridad en las conclusiones es indispensable para que aparezcan exactas y el Juez pueda adoptarlas; su firmeza o la ausencia de vacilaciones es necesaria para que sean convincentes; la lógica relación entre ellas y los fundamentos que las respaldan debe existir siempre, para que merezcan absoluta credibilidad. Si unos buenos fundamentos van acompañados de unas malas conclusiones o si no existe armonía entre aquéllos y éstas o si el perito no parece seguro de sus conceptos, el dictamen no puede tener eficacia probatoria. Al Juez le corresponde apreciar estos aspectos intrínsecos de la prueba. No obstante ser una crítica menos difícil que la de sus fundamentos, puede ocurrir también que el Juez no se encuentre en condiciones de apreciar sus defectos, en cuyo caso tendrá que aceptarla, pero si considera que las conclusiones de los peritos contrarían normas generales de la experiencia o hechos notorios o una presunción de derecho o una cosa juzgada o reglas elementales de lógica, o que son contradictorias o evidentemente exageradas o inverosímiles, o que no encuentran respaldo suficiente en los fundamentos del dictamen o que están desvirtuadas por otras pruebas de mayor credibilidad, puede rechazarlo, aunque emane de dos peritos en perfecto acuerdo. Por otra parte, no basta que las conclusiones de los peritos sean claras y firmes, como consecuencia lógica de sus fundamentos o motivaciones, porque el perito puede exponer con claridad, firmeza y lógica tesis equivocadas. Si a pesar de esta apariencia el Juez considera que los hechos afirmados en las conclusiones son improbables, de acuerdo con las reglas generales de la experiencia y con la crítica lógica del dictamen, éste no será conveniente, ni podrá otorgarle la certeza indispensable para que lo adopte como fundamento exclusivo de su decisión, pero si existen en el proceso otros medios de prueba que lo corroboren, en conjunto podrán darle esa certeza. Cuando el Juez considere que esos hechos son absurdos o imposibles, debe negarse a aceptar las conclusiones del dictamen[189].

---

[189] Tesis: I.3o.C. J/33, Semanario Judicial de la Federación y su Gaceta, Novena Época, Tribunales Colegiados de Circuito, Tomo XX, Julio de 2004. Pag. 1490.

PRUEBA PERICIAL EN GRAFOSCOPIA. EL USO DE LOS AVANCES TECNOLÓGICOS QUE POSIBILITAN LA CAPTURA Y EDICIÓN DE LAS IMÁGENES PLASMADAS EN LOS DOCUMENTOS ANALIZADOS POR EL PERITO, ES INSUFICIENTE PARA NEGARLE VALOR PROBATORIO AL DICTAMEN CORRESPONDIENTE. Al valorar la prueba pericial, el Juez debe partir de la base de que el perito es una persona experta en la materia sobre la que dictamina, que es honesta y se conduce conforme a su leal saber y entender en la materia sobre la que dictamina, pues se presupone que ha estudiado cuidadosamente el tema sometido a su consideración, por lo que también debe presumirse que no tiene la intención de engañar al juzgador, en tanto el peritaje plasmado en su dictamen obedece a un acto realizado conscientemente, libre de coacción, violencia, dolo, cohecho o seducción. En ese sentido, si bien la valoración de la prueba pericial se deja al prudente arbitrio del juzgador, sólo las razones científicas, técnicas o artísticas expuestas en los dictámenes correspondientes deben servir para decidir, de acuerdo con una sana crítica de su contenido, si merecen o no valor probatorio. Ahora bien, el hecho de que el juzgador deba partir de esa presunción no debe considerarse como una limitante de su libertad de apreciación, pues es evidente que en uso de ella, sí puede negar valor probatorio a un dictamen cuando considere que existe un motivo para dudar del desinterés, imparcialidad y honestidad del perito, es decir, cuando existan razones para estimar que no se condujo con lealtad, probidad o veracidad; sin embargo, para negarle eficacia con base en alguna de estas razones, los motivos deben ser lo suficientemente serios y graves para poner en duda la honestidad del perito. Por tanto, cuando se tacha de falsa una firma y se ofrece la prueba pericial en grafoscopia, el simple hecho de que en el desempeño de la función encomendada el perito haga uso de los avances tecnológicos, como cámaras digitales que pueden conectarse a una computadora para transferir su información y proceder a su impresión, lo que a su vez puede permitir que a través de ciertos programas de cómputo puedan editarse las imágenes capturadas en dichas cámaras, no es un motivo suficiente para negar valor al dictamen correspondiente, pues si bien es cierto que el uso de esos dispositivos permite alterar la imagen capturada hasta el grado de distorsionarla, e incluso prefabricar una imagen o insertar otra que corresponda a un documento diverso, también lo es que tal posibilidad, por sí sola, es insuficiente para restarle valor probatorio al dictamen, pues aunque el juzgador tiene libertad de valoración en este tipo de pruebas, dicha libertad debe basarse en una sana crítica, por lo que debe haber datos suficientes que permitan presumir que el perito actuó con falta de lealtad, probidad o veracidad, es decir, deben existir motivos que realmente pongan en tela de juicio el desinterés, la imparcialidad y la honestidad del experto en la materia y que, por ende, el peritaje plasmado en el dictamen correspondiente no está libre de coacción, violencia, dolo, cohecho o seducción[190].

E. Inspección judicial

La inspección judicial es definida por Becerra Bautista como *"el examen sensorial directo realizado por el juez, en personas u objetos relacionados con la controversia[191]"*. La finalidad del medio probatorio en comento es que quien la practique perciba, a través de sus sentidos, una

---

[190] Tesis: 1a./J. 40/2014 (10a.), Gaceta del Semanario Judicial de la Federación ,Décima Época, Primera Sala Libro 9, Agosto de 2014, Tomo I, Pag. 451

[191] Becerra Bautista, José, según Ovalle Favela, José, *Derecho procesal civil*, novena edición, *op. cit.*, p. 168.

situación fáctica sobre lugares, personas u objetos relacionados con la controversia en un momento determinado[192].

Es importante señalar que la inspección puede ser desarrollada a través de los cinco sentidos. Aun cuando es usual que se hable que la inspección es *ocular*, referida a la vista, también es posible que el funcionario designado para llevar a cabo a inspección, la desarrolle a través de oido, gusto, tacto u olfato.

Este medio probatorio se encuentra previsto en los artículos 354 y 355 del Código de Procedimientos Civiles para la Ciudad de México, así como en los artículos 1259 y 1260 del Código de Comercio. Los comentarios que ahora haremos son aplicables a ambos ordenamientos.

---

[192] Semanario Judicial de la Federación, novena época, tribunales colegiados de circuito, tomo XVII, junio de 2003, pág. 1006, tesis aislada (común). Consulta electrónica ius. "INSPECCIÓN JUDICIAL. NO ES LA PRUEBA IDÓNEA PARA DEMOSTRAR O DESVIRTUAR ACTUACIONES QUE REQUIEREN CONOCIMIENTOS TÉCNICOS ESPECÍFICOS".

La prueba de inspección o reconocimiento judicial se ofrece en el período general de ofrecimiento de pruebas. Para su desahogo, se fijará día, hora y lugar; a su práctica podrán acudir las partes, sus representantes o abogados, a efecto de que hagan las observaciones que consideren pertinentes. Asimismo, podrán concurrir a la inspección los testigos de identidad o peritos que se requieran.

Al practicarse la inspección judicial, se levantará acta que firmarán todos los asistentes y se asentará en ella lo siguiente:

a) Los puntos que provocaron la inspección. En este tenor, el oferente de la prueba deberá proponer de manera puntual, los aspectos sobre los que ha de desarrollarse la prueba;
b) Las observaciones de los interesados que señalen a lo largo del desarrollo de la insección;
c) En su caso, las declaraciones de peritos; y,
d) En general, todo lo necesario para esclarecer la verdad.

El código procedimental de la Ciudad de México, además, establece la posibilidad de que, de ser necesario, se levanten planos o se saquen vistas fotográficas del lugar u objeto inspeccionados. Por su parte, el Código de Comercio precisa que el reconocimiento puede practicarse ya sea a petición de parte, o bien, de oficio si el juez lo considera necesario.

En último lugar, es interesante el siguiente criterio de nuestros tribunales federales:

PRUEBA DE INSPECCIÓN JUDICIAL EN EL JUICIO CIVIL. ATENTO A SU NATURALEZA, ES NECESARIO QUE EN SU OFRECIMIENTO EL PROMOVENTE EXPRESE CON PRECISIÓN EL LUGAR O COSAS QUE SERÁN INSPECCIONADAS. Si para el desahogo de ese medio de convicción se pretende que un funcionario federal busque en los libros de gobierno de órganos jurisdiccionales, si existe "algún" procedimiento del orden civil incoado contra la quejosa o que esté relacionado con el predio rústico materia del arrendamiento, ello deriva en una revisión general o pesquisa, que por carecer de un elemento concreto determinado, no podría constituir una prueba de inspección judicial, pues el objeto de ésta es verificar circunstancias, cosas o hechos específicos, susceptibles de ser conocidos por los sentidos, mas no de realizar búsquedas o investigaciones de algo que podría no existir ya que, en todo caso, corresponde a las partes realizar la investigación para que, posteriormente, pueda pedirse la inspección correspondiente, por un periodo preciso, respecto de una fecha específica, de un registro en concreto o de varios, pero expresamente determinados para constatar uno o varios hechos, no para ver qué resulta[193].

F. Prueba Presuncional.

De acuerdo con lo establecido por el artículo 379 del Código de Procedimientos Civiles para el Distrito Federal, se define a la presunción como *"la consecuencia que la ley o el juez deducen de un hecho conocido para averiguar la verdad de otro desconocido, la primera se llama legal y la segunda humana"*.

---

193 Semanario Judicial de la Federación, décima época, tribunales colegiados de circuito, Libro 7, Junio de 2014, Tomo II, página 1798, tesis aislada (civil). PRUEBA DE INSPECCIÓN JUDICIAL EN EL JUICIO CIVIL. ATENTO A SU NATURALEZA, ES NECESARIO QUE EN SU OFRECIMIENTO EL PROMOVENTE EXPRESE CON PRECISIÓN EL LUGAR O COSAS QUE SERÁN INSPECCIONADAS".

Como podemos apreciar de la definición legal anteriormente insertada la prueba presuncional puede ser; (i) Legal y (ii) Humana, comenzaremos a hablar de la primera.

Existe presunción legal cuando la ley lo establece así expresamente y cuando la consecuencia nace inmediata y directamente de la ley[194]. Si se tiene a favor una presunción legal, solo se está obligado a probar el hecho en que se funde la presunción[195]. Por ejemplo, todos tenemos la presunción legal de ser capaces y poder ejercer la capacidad de Ejercicio por uno mismo si se es mayor de edad. O la presunción legal de necesitar alimentos.

Así mismo no se admite prueba en contra de la presunción legal, cuando la ley así lo prohíbe expresamente y cuando el efecto de la presunción es anular un acto o negar una acción, salvo el caso que la ley haya reservado el derecho a probar, en los supuestos de

---

[194] Artículo 380 del Código de Procedimientos Civiles para el Distrito Federal.

[195] Artículo 381 del Código de Procedimientos Civiles para el Distrito Federal.

presunciones legales que admiten prueba en contrario (*iuris tantum*) opera la inversión de la carga de la prueba[196].

Existe presunción humana, cuando de un hecho debidamente probado se deduce otro que es consecuencia ordinaria de aquel[197]. La diferencia con la presunción legal es que esta deviene de una disposición expresa y la humana de un hecho probado y tiene injerencia el Juez para valorar u otorgar la propia presunción. Por ejemplo, si yo acredito que la persona iba al volante del coche, la presunción que se genera es que 'sabe manejar'. O si la persona está de pie, la presunción es que puede caminar.

Abona a lo anterior, el siguiente criterio:

PRESUNCIÓN LEGAL Y HUMANA EN MATERIA CIVIL. CUANDO LAS REGLAS DE LA LÓGICA SE ROMPEN Y EN SU LUGAR SE EXPONEN ARGUMENTOS FALACES O INCONGRUENTES,

---

[196] Artículos 382 y 383 del Código de Procedimientos Civiles para el Distrito Federal.

[197] Artículo 380 del Código de Procedimientos Civiles para el Distrito Federal.

AQUÉLLA DESAPARECE (LEGISLACIÓN APLICABLE PARA LA CIUDAD DE MÉXICO)[198]. La presunción legal y humana en materia civil, tiene una gran importancia, pues dota al juzgador de consecuencias conjeturales a partir de hechos conocidos para acceder a otros desconocidos. Por ello, el Código de Procedimientos Civiles para el Distrito Federal, aplicable para la Ciudad de México, en su artículo 402, en relación con los diversos artículos 379 al 383 del mismo ordenamiento, otorgan al juzgador, los lineamientos necesarios para valorar las presunciones. Así, el artículo 379 citado, denomina a la presunción como la consecuencia que la ley o el Juez deducen de un hecho conocido para averiguar la verdad de otro desconocido, siendo la primera legal y la segunda humana. De igual forma, de acuerdo con el artículo 380, la presunción legal existe cuando la ley la establece expresamente, o bien, cuando la consecuencia nace inmediata y directamente de ésta; y la presunción humana, cuando de un hecho debidamente

---

198 Registro digital: 2021389 Instancia: Tribunales Colegiados de Circuito. Décima Época Materia(s): Civil Tesis: I.3o.C.417 C (10a.)Fuente: Gaceta del Semanario Judicial de la Federación. Libro 74, Enero de 2020, Tomo III, página 2634. Tipo: Aislada.

probado, se deduce otro que es consecuencia ordinaria de aquél, es decir, ésta constituye una inferencia que el Juez hace partiendo de un hecho conocido para averiguar otro desconocido y para ser legítimo debe sujetarse a las reglas de la lógica. Por tanto, cuando dichas reglas lógicas se rompen y en su lugar se exponen argumentos falaces o incongruentes, la propia presunción desaparece, dado que otra interpretación significaría violentar aquellos preceptos que regulan el valor probatorio de las presunciones. De tal manera que ninguna de las partes puede valerse de argumentos incongruentes o inverosímiles para forzar, en su beneficio, el ánimo del juzgador, puesto que el uso de la presunción, como elemento de fundamentación y motivación, genera una gran responsabilidad, más aún cuando el Juez debe resolver con un pleno sentido de justicia[199].

Del criterio anteriormente insertado, podemos afirmar, que la prueba presuncional tiene que ser valorada al arbitrio del juez tomando en consideración las

---

[199] Tercer Tribunal Colegiado en Materia Civil del Primer Circuito. Amparo en revisión 263/2019. Nicolás Roberto Beja Baruh. 25 de septiembre de 2019. Unanimidad de votos. Ponente: Paula María García Villegas Sánchez Cordero. Secretaria: Cinthia Monserrat Ortega Mondragón.

circunstancias particulares del caso en concreto, así mismo siempre deben de ir de acuerdo a la lógica, ya que si se alejan de la misma dichas probanzas desaparecen.

G. Prueba superveniente.

Es aquella que es aceptada despúes de la demanda, contestación, reconvención y contestación a la reconvención y debe ofrecerse antes de que se declare visto el asunto en Audiencia de Juicio, sin embargo debe encuadrar en alguna de las siguientes hipótesis:

Artículo 1017.- Después de la demanda y contestación, reconvención y contestación a la reconvención en su caso, no se admitirán al actor ni al demandado, respectivamente, otros documentos que los que se hallen en alguno de los casos siguientes:

1. Ser de fecha posterior a dichos escritos;
2.Los anteriores respecto de los cuales, protestando decir verdad, asevere la parte que los presente no haber tenido antes conocimiento de su existencia;
3. Los que no haya sido posible adquirir con anterioridad por causas que no sean imputables a la parte interesada.

Cuando alguna de las partes tenga conocimiento de una prueba documental superveniente, deberá ofrecerla hasta antes de que se declare visto el asunto, y el Juez, oyendo previamente a la parte contraria en la misma audiencia, resolverá lo conducente.

11. Referencias al Código Nacional de Procedimientos Civiles y Familiares.

Para diciembre del 2023 en que concluimos los trabajos de este libro, el Código Nacional de Procedimientos Civiles y Familares ya se encuentra publicado, pero aun sin entrar en vigor en la esfera federal y tampoco en alguno de los estados de la República Mexicana.

Sin embargo, conviene hacer algunas referencias de un código que ya es un hecho en cuanto a que en algún momento nacerá a la vida jurídica y su aplicación será obligatoria… a más tardar en abril del año 2027.

Así, el Poder Judicial Federal a través del Congreso de la Unión y los Poderes judiciales de cada entidad federativa podrán anticipar la aplicación del Código a través de los

Congresos estatales, mediante la publicación de su iniciación en el Diario Oficial o las gacetas de los estados respectivamente. Avisado ello, empezará a aplicarse el Código Nacional a nivel federal y/o local... depende de quién levante la mano antes de fenecer el plazo marcado al primero de abril de 2027.

Como antecedente de este Código podemos referir que el 15 de septiembre de 2017, bajo la presidencia de Enrique Peña Nieto se reformaron los artículos 17 y 73 de la Constitución Política de los Estados Unidos Mexicanos, ***en materia de Justicia Cotidiana.***

Así, el numeral 17 de nuestro Pacto Federal, adiciona con esta reforma el que "*Siempre que no se afecte la igualdad entre las partes, el debido proceso u otros derechos en los juicios o procedimientos seguidos en forma de juicio, las autoridades deberán privilegiar la solución del conflicto sobre los formalismos procedimentales.*", así como que "*Las leyes preverán mecanismos alternativos de solución de controversias. En la materia penal regularán su aplicación, asegurarán la reparación del daño y establecerán los casos en los que se requerirá supervisión judicial.*"

Por su parte, el artículo 73 de la Constitución refiere en su fracción XXX, la facultad del Congreso de la Unión:

XXX. *Para expedir la legislación única en materia procesal civil y familiar; (...)"*

La reforma a la Constitución tuvo como propósito los siguientes objetivos:

- Contar con **procedimientos homologados** en todo el territorio nacional para dirimir las controversias entre particulares;
- Prever **procedimientos expeditos y uniformes** en toda la República;
- **Minimizar las formalidades** en las actuaciones judiciales;
- Eliminar la **diversidad de criterios judiciales** sobre una misma institución procesal; y
- Establecer **políticas públicas** para mejorar de manera transversal la administración e impartición de justicia civil y familiar e identificar e implementar las buenas prácticas en esta materia, a fin de que las personas obtengan soluciones efectivas a sus problemas cotidianos.

El Código Nacional que comentamos se compone de 10 Libros a saber:

Por cuanto hace a la prueba, que es la materia de este esfuerzo, diremos que se toman en este Código Nacional textos del Código de Procedimientos Civiles para la Ciudad de México, Código Federal de Procedimientos Civiles y Código de Comercio. Pocas son las ideas novedosas que se insertan en el texto procesal, de las que hacemos la referencia siguiente:

A. Desaparece la confesional a la que ya se ha desbancado de ser considerada la "reina de la pruebas" debido al acartonamiento de su proceso de desahogo.

B. Declaración de Parte Contraria que es la que sustituye a la confesional, que debido a su agilidad y siendo frente al juzgador (ya que todo procedimiento en el Código Nacional será oral) tendrá una fortaleza brutal para acreditar los eventos a demostrarse. Inclusive, estos procedimientos ya instaurados en el 2009 en la Ciudad de México y en el año 2011 en el Código de Comercio han generado la inclusión del juzgador de manera activa en las preguntas que se formulan para indagar la verdad (fortaleciendo el Principio ya anotad de "*inmediación del juez en el desahogo de la prueba*").

D. Nace la declaración de Parte Propia, estableciéndose en su artículo 284 lo siguiente: "La declaración voluntaria de parte propia será a cargo de la misma parte oferente de la prueba, para que sea interrogada en forma oral por su representante y su contraparte."

Este artículo viene del Derecho anglosajón donde es común escuchar a la parte acusada que "quiere subir al banquillo para que se le pregunte", ya que es posible que la parte contraria renuncie a preguntar y sí tenga algo que decir que sea del interés del juzgador. Interesante será su aplicación.

E. Por cuanto a peritos, solo en materia familiar tiene una relevancia importante el cambio propuesto en la designación y pago del perito por parte del tribunal.

Así, en su artículo 300 se señala que (i) podrá sustituirse al perito en audiencia preliminar; (ii) siempre será perito oficial que pague el Estado (iii) no aplica en avalúo; (iv) No habrá perito tercero.

F. La prueba que también tiene nueva regulación, es la prueba documental **física o electrónica** (art. 308), señalándose:

a) Las pruebas documentales, físicas o electrónicas (medios electrónicos, ópticos, digitales, en una cadena de bloques o en cualquier otra tecnología), recibirán el mismo trato, atendiendo los principios de equivalencia funcional y neutralidad tecnológica.

b) Clasificación de documentos en públicos y privados se mantuvo sin cambio (solo se agrega que "aunque tengan firma electrónica").

c) En el caso de los documentos exhibidos en los escritos de desahogo de vista de excepciones, la demandada podrá impugnarlos dentro del término de tres días contados a partir del acuerdo en que se tienen por exhibidos, ofreciendo las pruebas pertinentes; y la actora en el principal o en la reconvención, responderán a dicha impugnación por escrito y se resuelve en audiencia.

G. Nace "Prueba de Informes" (art. 334). El informe es un medio de prueba autónomo, que consiste en la rendición de datos, a través de un comunicado que debe contener la información que la parte oferente de la prueba proponga, o que el juzgado requiera oficiosamente y que la persona informante tenga a su disposición, en cualquier fuente que la pueda contener, ya sea electrónica o documental.

H. En términos del numetral 335 del Código Nacional, las partes pueden presentar otros medios de prueba que no estén expresamente reconocidos y regulados en el Código Nacional, como son, ejemplificativamente, videos, fotografías, cintas cinematográficas, disquetes o discos compactos, de sistemas computacionales, grabaciones de imágenes y sonidos, así como la información generada o comunicada que conste en medios electrónicos, magnéticos, ópticos, u otros medios de reproducción; o bien, copias digitales, impresiones de documentos electrónicos, simples o al carbón, documentos taquigráficos; así como registros dactiloscópicos, fonográficos.

De los aspectos procesales nos ocuparemos en otro libro.

FMVM y FMVGB

ÍNDICE.

Made in the USA
Columbia, SC
31 January 2024

15d61c31-a7e9-40cd-87e0-1bc6b4e564c5R01